昭和の映画館主《こやぬし》奮闘記

ド素人が映画館を始めた

映写機がついて…

おしくらまんじゅう煙モクモク

ニュー・シネマ・パラダイスの一族

映画斜陽期に、なぜ新しい映画館を?!

映画興行は儲からない?!

私たち、シネコンじゃないよ。

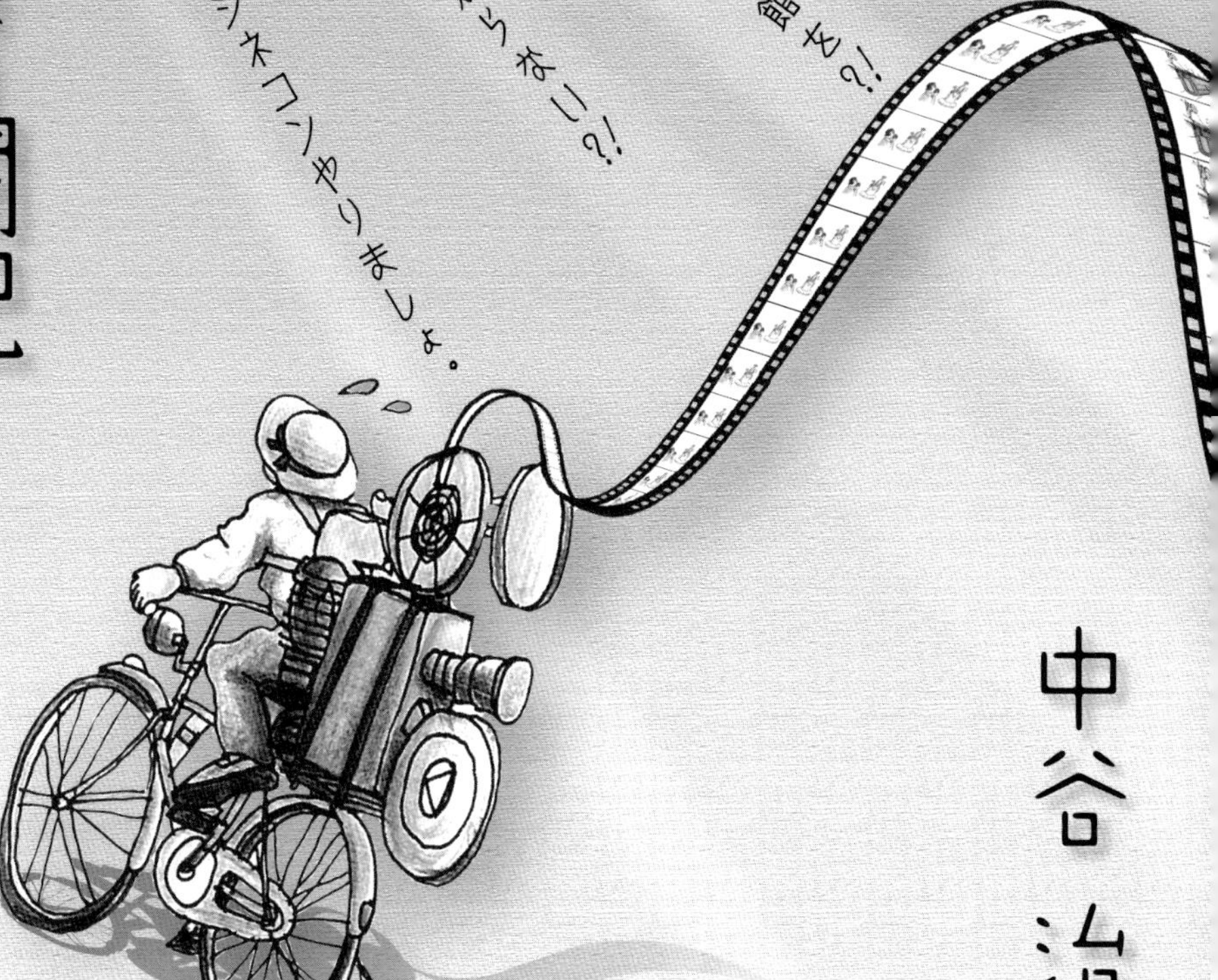

中谷治

龍鳳書房

まえがき

かつて日本の映画産業が華やかなりしころの先輩や同僚の多くが鬼籍に入られ、昔の映画や映画興行の推移を知る人も少なくなってしまいました。

昭和三十年代後半からの著しい映画産業の衰亡期を経て、近年、映像システムの技術革新や、シネマコンプレックスが象徴するように映画館の形態も大きく変化しています。お客さんの好みも昔とは随分変わり、CGを多様した激しいアクションものやアニメーションといった作品が人気を集め、今再び映画は活気を取り戻してきました。デジタル時代の映画は、その制作も配給も、今後さらに変貌を遂げていくことでしょう。

私は決して映画ファンではありません。映画館主《こやぬし》として映画を観客に送り出す立場を貫いてきたと思います。したがって熱烈な映画ファンの方々が映画を観る視点とは、少し違うかと思います。あくまでも、この映画作品が観客に受け入れられ、喜んでもらえるかどうかを客観的に見極めることを仕事としてきたまでです。自分が映画ファンであったなら、この映画館主の仕事はおそらく、失敗していただろうと思います。

本書をまとめてみて、あらためて我ながらよくがんばってきたなあという思い一入《ひとしお》です。常に現状に甘んじることなく、本文にも書きましたが、次は何をしようか、そしてそれは誰もしたことがないことを追い求めること、お客さんが喜んでくれる姿を思い浮かべながら、自分でなければできないという信念を持って生きた来たように思います。

本書は映画興行奮闘記とともに、新しいビジネスを起業しようとされる若い方々に何かしらのヒントとなれば望外の幸せです。

最後に、本書をまとめるにあたり、多くの方々のご協力を頂戴しました。心より御礼申し上げます。

本書の執筆に当たって、第1部は、東京で企画会社を運営する私の三女伊藤由美に、私の書き残した記録や昔話をもとに、家族ならではのエピソードを交え、私の実業家としての生涯をまとめあげてもらいました。

また、第2部は映画を愛する龍鳳書房の酒井春人氏が、私の証言や丹念な資料収集にもとづいて、日本の映画史と長野市内の映画館のあゆみをまとめてくれました。さらに第2部の第7章は、デジタル時代の映画と映画館について、私の次女で現在長野グランドシネマズの社長中谷冨美子が寄稿してくれました。

そして、表紙絵ならびに第1部のユーモアあふれる挿絵を建築家縣孝二氏が描いてくれました。このように私と随分歳の離れた若い仲間たちが、一生懸命になって本書の製作にたずさわってくれたことに、感謝するばかりです。心より御礼申し上げます。

平成29年10月

中谷　治

もくじ

表紙デザイン　伊藤由美
表紙絵・本文挿絵　縣　孝二

第1部　映画興行 奮闘記

青函連絡船に乗り一路長野へ

第１章　開拓者の源流　新天地を求めて

生まれ故郷を離れる

昭和16（１９４１）年６月25日。北海道の寂れた港町から、汽車で函館に向かう。夜、青函連絡船に乗り夜があけるころ青森港に到着。日本海側まわりの鈍行列車に乗って秋田から新潟を通り、父と私と妹、二人の弟、家族五人が信越線豊野駅に着いたのは、2日後の６月27日の夕暮れだった。これからこの見知らぬ土地でどんな人生が待っているかなど、まだ10歳の私には想像すらできなかった。

その年の12月8日、真珠湾攻撃により太平洋戦争が開戦した。

私の祖父・中谷新次は、明治36（１９０３）年日露戦争の前年、広島から開拓民として家族と共に北海道に入植し、北海道虻田郡豊浦村（現・豊浦町）で馬を使って芋や豆などの農作物を作っていた。父・中谷勇は明治39（１９０６）年、10人兄弟の７番目と

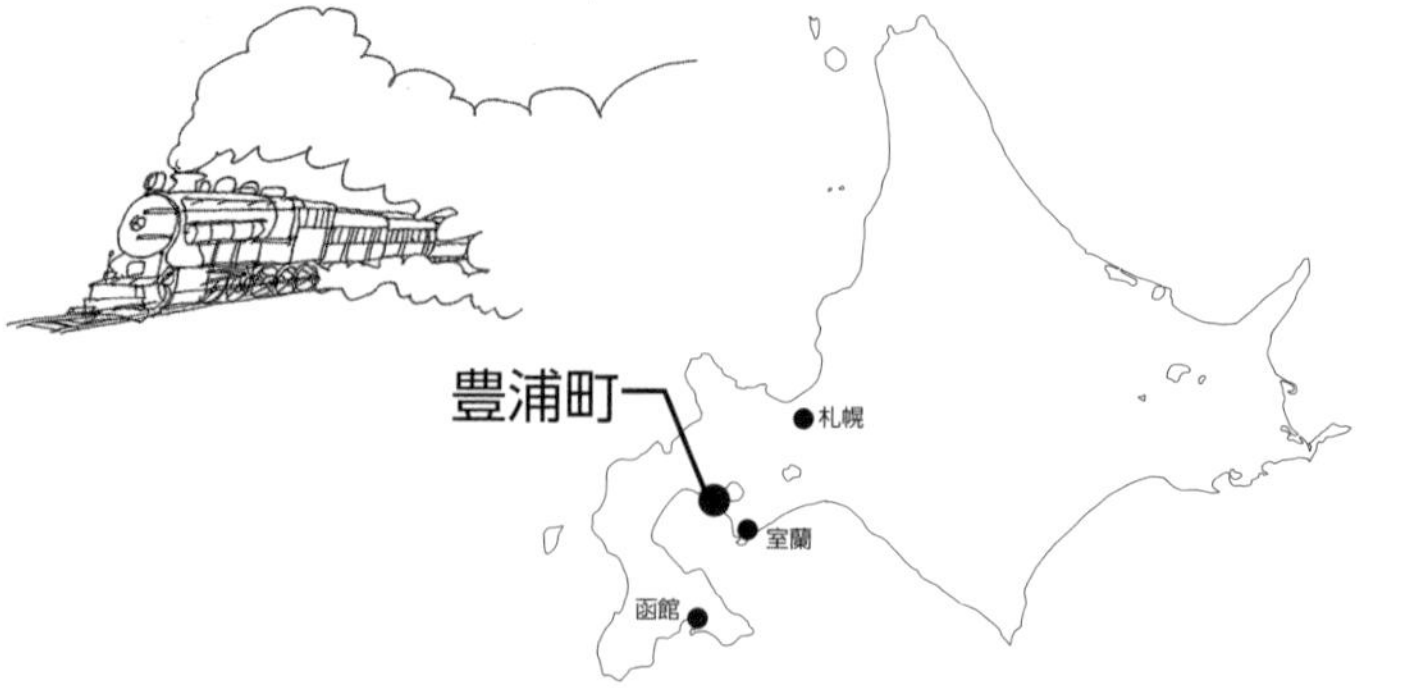

してこの地で生まれた。子どもの頃は農作業の手伝いで満足に学校にも通えなかったという。20歳で旭川第七師団騎兵隊に徴兵され、馬の蹄鉄の技術を習得した。除隊後は、その技を生かし、しばらくは蹄鉄業を営んでいたが、まもなく山林を買い、材木や燃料用の薪にして販売する山林事業をはじめた。私が生まれたのは、ちょうどその頃、昭和5（1930）年、続いて隔年毎に妹と二人の弟が生まれた。

当時、私たちの住まいは、浜辺の中心街から100メートルほど離れた丘の上にあった。1階に3部屋と土間、2階には4部屋がある元農業組合の会合屋敷で、当時としては大きな家であった。海から強い風が吹く時は、ぎしぎしと音を立てて揺れ、恐いと思ったが、この広い家は、弟たちの絶好の遊び場だった。家の中を走り回って遊んでいたので、障子の骨は折れ、障子紙は破れ放題になった。大晦日、母の指令の下、兄妹弟が揃って障子紙と壁紙を貼り替えて正月を迎えるのが恒例の行事だった。壁紙といっても、今のような洒落たものではなく、新聞紙である。黒ずんで文字も読

豊浦の生家

めなくなった新聞紙から、まだ新しい古新聞に貼り替えると、部屋の中がいっぺんに明るくなり、すがすがしい気分で新年を迎えられた。

近所には大勢の子供たちがいて、学校から帰ると直ぐ家の前の道端に集まり、鬼ごっこや、かくれんぼ、竹馬乗りやパッチ（メンコ）遊びに興じた。中でも、いちばん盛り上がったのは兵隊ごっこだった。これは、鬼ごっこを自分たちでアレンジした遊びで、敵味方に分かれ、それぞれ地雷とか戦車とかの武器を示すリボンを首にかける。捕まったら、その武器は相手方の物になり、最後に敵陣の旗を奪ったほうが勝ちとなる遊びだ。

近くの小川ではザリガニを獲り、夏は海岸で泳いだ。冬は道でゴム長靴スケートやそり滑り、裏山ではスキーを楽しんだ。

家の中では、ラジオ放送から流れる大相撲の双葉山・男女川・安藝ノ海・名寄岩・照国の活躍や、明智小五郎の「少年探偵団」の放送劇を楽しみにして聞いていた。雑誌『少年倶楽部』の「のらくろ」や「冒険ダン吉」、単行本では山中峯太郎の『敵中横断三千里』などを愛読した。

豊浦には「昭和館」という映画館があった。子どもたちは丹下左膳などのチャンバラや戦争映画を見ることができたが、大人しか見られなかった「愛染かつら」「純情二重奏」「緑の地平線」などの人気映画も主題歌を聞き覚えて、意味もわからず歌っていた。

歌いながら町を練り歩くことは楽しみのひとつだった。「愛国行進曲」などの軍歌はもちろんのこと「紀元二千六百年」や「南京陥落」の提灯行列、近所の寺の坊さんの後を「何妙法蓮華経」を唱えながら小太鼓を叩き町中を歩いたりして祭り気分を存分に味わった。余談だが、この坊さんには虫歯の痛烈な痛みを念仏で祈祷して貰ったことがあった。今では信じられない話だが、このころはまだ祈祷で病を治す習慣があったのである。残念ながら、歯の痛みはまったく治まらなかった。

長男の私には家事の手伝いが多かった。当時は水道がないので近くのつるべ井戸へ行って水を汲み、家の台所までバケツで運ぶことが毎日の仕事であった。風呂炊きやストーブの燃料にする薪切りと薪割りも私の役割である。父の山林事業には、薪を焼き炭にして販売する仕事もあったので、母と一緒に薪炭をリヤカーに積み、配達もした。学校から帰って勉強することはあまりなかったが、時折近所に住んでいた二歳年上のケイちゃんと国語や算数などを一緒にやった。同じ歳の子たちよりも先んじて勉強ができるのは楽しかった。ケイちゃんは、母の妹なので私には叔母にあたるが、年はあまり変らず姉のような存在だった。

豊浦尋常高等小学校に入学したのは支那事変が始まった昭和12（1937）年4月。1年の受け持ちの先生は小柄な女性の山本

先生で、紺の和服を着てニコニコしている優しい先生であった。学校は男女共学で二人用の木製の机には男女が隣合わせに座った。最初に学んだ国語の教科書は「サイタ、サイタ、サクラガサイタ」「ススメ、ススメ、ヘイタイススメ」。音楽は「白地に赤く、日の丸染めて、ああ美しい、日本の旗は」を皆元気よく歌っていた。入学時はカタカナの字を書ける生徒はわずかであったが、私はケイちゃんと勉強していたおかげで、入学前からカタカナが書けたし、本も読むことができたので勉強が大好きだった。学年末の成績通信簿に努力賞のスタンプをもらえた。

2年生になって受け持ちの先生が変わった。今度も女性の臼崎先生は、色白で背が高く洋服が似合うスマートな美人だった。休み時間に体操場で遊んでいたとき、右足のすねの骨にひびが入る大怪我をした。急ぎ母に背負われ隣町の接骨院で湿布をしてもらったが病院に行くことをすすめられたので、さらに遠い伊達紋別町の日赤病院へ行くことになった。その時生まれて初めて自動車に、しかもタクシーに乗せてもらった。車体はボロボロで、舗

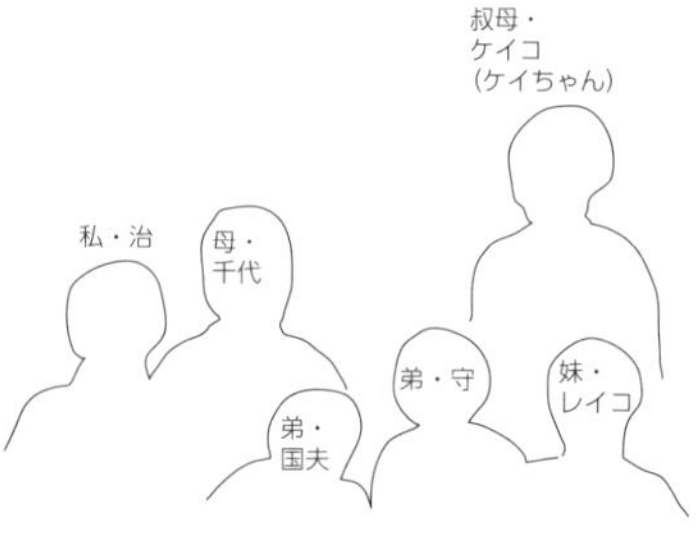

昭和 13 年当時の家族

装されてない凸凹道だったので、かなり揺れたが、自動車に乗れたことが嬉しくて足の痛みなどすっかり吹っ飛んでしまった。2年生の成績通信簿は変わらず努力賞だった。

3年生の受け持ちの先生は、また女性の安江先生だった。今年こそは優等賞をもらおうと勉強は頑張ったがライバルが男女あわせて四人もいたので期待はできなかった。この頃は、夏休みの自由研究などの宿題はなかったが、近くの山に入り山野草や蝶を採取して標本を作り学校に持っていったら、2学期の始業式で紙入れバックのご褒美をもらった。これはまったく予想もしていなかったので凄く嬉しかった。3年の成績通信簿では念願の優等賞がもらえた。安江先生が優等賞と努力賞の生徒を写真屋へ集め記念写真を撮った。この年になぜ写真を撮ったのかは今もわからない。

4年生から受持ちは男性の西川先生になった。師範学校を卒業したばかりの若い

昭和12年　小学校1年時
(1クラス80人)

先生で、豊浦でも山奥の方から何キロもの道のりを赤ら顔をして歩いて通っていた。西川先生が男性だったせいではないだろうが、これくらいしか記憶にない。

5年生の1学期末、6月の運動会の日に豊浦駅から長野へ出発することになった。この日のことは後述する。

北海道の小学校で5年の間、共に学んだ同級生とは、今でも毎年9月に開かれる同級会で顔を合わせている。ここ数年で随分と人数は減ってしまったのが残念である。

話は少し遡るが、4年生だった昭和15（1940）年秋、母が伊達紋別の日赤病院に入院した。2年前、生まれて初めて自動車に乗せてもらって行った病院である。翌年3月、小学校4年生を終えた私は学年末成績通信簿を持って、祖母と叔父に連れられて妹

豊浦小３年生
優等賞の記念写真

弟と共に母の見舞いに行った。この年も優等賞をもらえたので、母に褒めてもらいたかった。途中、汽車の中で母の病気は喉頭結核で命が危ないことを知らされた。病室は隔離病棟のため母とは廊下から窓越しでしか会えなかったが、かすかに「治、頼む」とかすれる声が聞こえた。母は長男の私に幼い妹や弟たちの面倒を頼むと言いたかったのだろう。これが母と会った最後になった。その時の光景は80年近くたった今でも脳裏に焼き付いている。3か月後の6月、母は死んだ。

昭和16（１９４１）年6月、母が亡くなって2週間後、小学校5年生の私を頭に、8歳のレイコ、6歳の守と４歳の国夫を連れ、家族5人で親戚も身寄りもない長野に移り住むことになった。出発の日は豊浦小学校の運動会であった。父は1円の小遣いをくれた。当時の私にとって1円は大金である。午前中、兄妹弟４人で運動会を見ながら校庭の出店で父にもらった小遣いでアメや饅頭を買って豊浦駅に向かった。駅にはケイちゃんが見送りに来てくれた。生まれ故郷を離れ再び帰られないかも知れない寂しさはあったが、あこがれの内地へ行ける希望もあって複雑な気持ちであった。

夕方函館に着き、時間があったので町を見て歩いた。初めて目にする都会、百貨店の棒二森屋の大きさに驚き別世界を感じた。その夜、函館港から青函連絡船「羊蹄丸」に乗った。三等の大部屋客室

で船酔いしながら青森に着いたのは朝五時頃。青森からは各駅停車の汽車で秋田を経由し、新潟県の新津を経て直江津を廻り十数時間をかけ長野県豊野駅に着いたのは豊浦を出発してから2日目の夕方であった。豊野駅には中年の姉妹が迎えに来ていた。父は、姉の方の婦人を「これからお前たちの母になる」と紹介した。私はまたまた複雑な気持ちになると同時に、何か大きな抵抗を感じた。

北海道時代の中谷４兄弟
左から　長女：レイコ　次男：守　長男：治
前　三男：国夫
（昭和13年　北海道・豊浦で撮影）

戦時中

豊野では駅前旅館の別棟に間借りして住むことになった。ここに来て間もない昭和16（1941）年7月15日夜中、突然すさまじい揺れが起こった。震度6の長沼地震である。震源地の長沼は、豊野と吉田の間あたり、ほぼ直下である。「草藪に逃げろ！」と父が叫んだのであわてて豊野駅近くの草薮に逃げた。生まれて初めて恐怖を体験した瞬間であった。それにしてもなぜ逃げる先が草藪だったんだろう。今でも分からない。

豊野には3か月いただけで、野尻湖に近い古間の駅前に引っ越した。その年の冬、北海道育ちの私でさえ驚くほど雪が多く積もったことで、すこし長野が身近になった気がした。この年の12月8日、真珠湾攻撃、太平洋戦争が開戦した。

古間には1年ほどいて長野市吉田に引っ越した。私は、尋常小学校6年生になっていた。吉田の借家は長野電鉄信濃吉田駅近くで、家族6人が住むには小さく、雨が激しく降ると裏の小川が溢れ出し、便所まで水に浸かるような貧相な家であった。すぐそばに電車の踏切があり、電車が通る度に踏切番が手作業で遮断機を上げ下げしていた。家の横の僅かな空き地があり、そこに父が頑丈な防空壕を作ってくれた。

国民学校を卒業した私は、旧制中学の県立長野中学校（現・県立長野高校）に進学したが、そこに至るまでは、かなり難関だった。

戦前の学校教育制度では、義務教育である六年制の尋常小学校を卒業した後、大学進学をめざすなら五年制の旧制中学へ、就職や家事手伝いをするなら二年制の高等小学校の高等科に進むか上の学校にはいかないのが通例だった。

旧制中学に進むことには、父は猛反対だった。

父は自分が裸一貫で事業を興し「仕事は学歴でない、自分の実力でやるものだ」という信念を強く持っていたので、私はほとんど進学はあきらめていた。そんな私に進学を勧めてくれたのは、担任の風間先生である。先生は、教育に熱心な方で、一所懸命に父を説得してくれた。岐路に立ったとき、どんな先生に巡り会えるかがその後の人生に大きな影響を及ぼす。長野に来て3つ小学校を転々としたが、何れも素晴らしい担任の先生だった。このような先生方に巡り会えて本当に良かったと思う。

旧制中学の入学試験は、小学校の成績内申書と身体検査、口頭試問であった。内申書については問題ないと思っていたし、身体検査は腕立て伏せが十数回もできたので自信があった。口頭試問の面接には5人の試験官がいた。その中に校長より権力を持った配属将校の陸軍中尉がいた。将校は次々と質問をしてきた。

将校は、手に豆を摘み
「これは何か」
「大豆です」
「大量に採れる産地は何処か」
「満州です」
「これで何が作れる」
「豆腐です」
「なんで中学を受けるか」
「私は軍人になりたいです」
「軍人は中学に進学しなくてもなれるぞ」
「将校になりたいです」

このような問答をすらすら答えられたので難関を突破したと思った。太平洋戦争が始まったばかりで、まだ日本が負けるはずはないと国民の誰もが信じていた。高学歴を得ることは、上級クラスの軍人になれることである。そして、上の学校に行きたいという欲求は、父への反抗の気持ちでもあった。

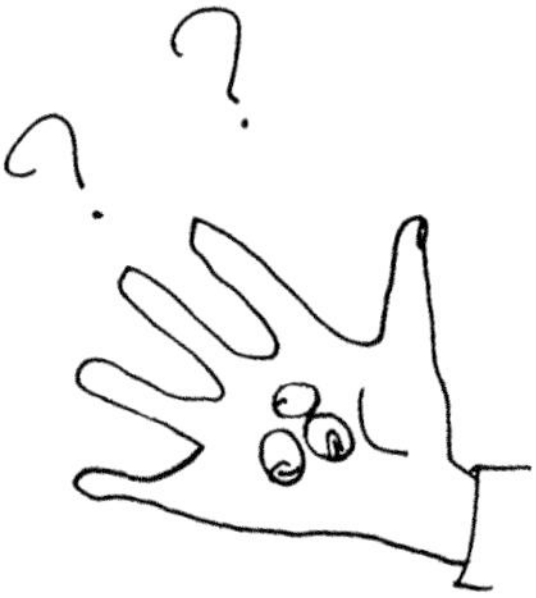

長野中学入学時の集合写真（昭和19年）

大豆の答えが良かったかどうかは分からないが、無事、長野中学に合格できた。入学して一番驚いたのは授業科目が多いこと。しかも、戦時中の敵国語排斥の運動が盛んだったにも関わらず、英語の授業があり、英正・英作・英文法などを教えていた。

当時の中学は5学年まであり、ひとクラス50人で各学年は4クラスの200人。全校生徒数は1000人。戦時中であったため、そこに都会からの疎開生徒の編入が増え、在校生は約1300人だった。

入学早々、ある日の放課後、新入生が中庭に集められた。その周りを上級の5年生が囲んだ。何が始まるのかとおもいきや、応援歌の猛特訓だった。校歌も知らない私たちに、5年生の4クラスの先輩が、日替わりで4日間、兵役訓練さながらに応援歌をたたき込むのである。当時は、高等学校（現・国立大学）のバンカラ[※1]が、高等中学生のあこがれであり、それを目指す学生たちにとって、この荒々しい応援歌特訓は、長野中学の一員となった証としての伝統行事であった。応援歌は、剣道部・

※1 **バンカラ**
（ばんから、蛮殻、蛮カラ）ハイカラ（西洋風の身なりや生活様式）をもじった語。言動などが荒々しいさま、またあえてそのように振る舞う人をいう。夏目漱石の『彼岸過迄』の中の一節にも登場する語である。（ウィキペディアより）

柔道部・水泳部・陸上部などの部毎と、学校全体のものなど10曲ほどあったが、それを全部覚えるのだ。この時、「ああ、俺は長野中学に入学したんだ」とつくづく実感した。

ほどなくして知ったことだが、長野中学の校歌は、戦争のプロパガンダにされた「海ゆかば」と同じ歌詞だった。もともと万葉集の一節なのだが、あの「海ゆかば」が出来る前から校歌でこの歌詞を歌っていたということに驚きと感銘を受けた。

バンカラが集まる男子校である。当然、教師にはアダナを付けていた。校長は「太チン」、主任教師は小柄であったので「ジャコ」。ちなみに、3年の担任は「タヌキ」、4年5年の担任は「ビスマルク」だった。当時、学校には、軍事教練のための配属将校がいたが、さすがにこれにはアダナはつけられなかった。ここらへんがまだ未熟なバンカラである。

長野中学では、生徒全員が剣道と柔道のどちらかを習得することになっていた。私は北海道の映画館で見たチャンバラが頭に浮かび、迷わず剣道を選んだ。中学受験には猛反対していた父が、木刀と面を買ってくれた。

旧制中学に入ると1年生・2年生が軍の幹部将校候補を養成するため

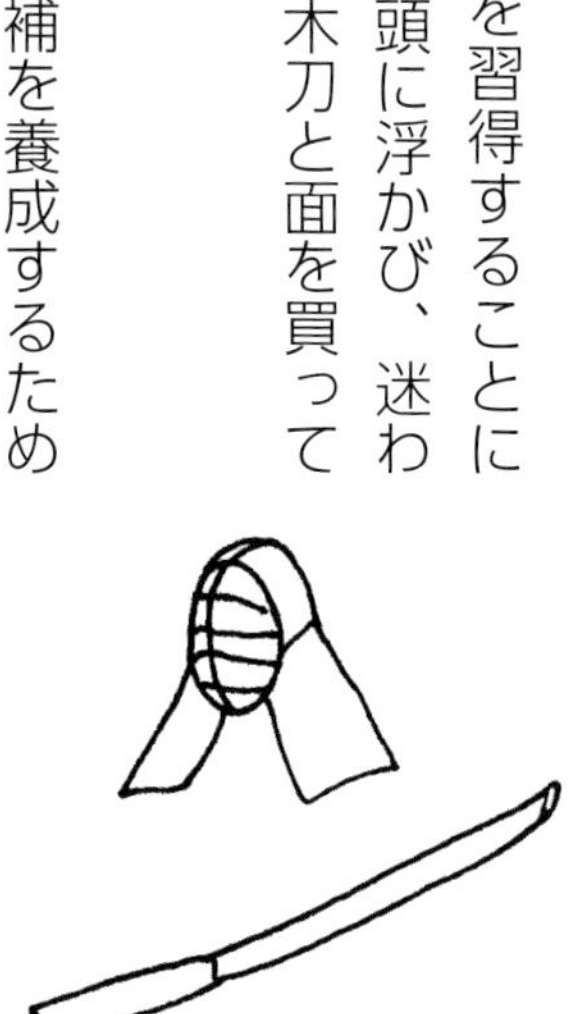

の陸軍幼年学校の受験資格を得られる。迷わず受験した。しかし結果は不合格。親に将校または戦死した者がいる子が優先的に合格した。近親者に戦死者がなく、父親の軍歴が一等兵のような私が合格することは到底無理なこと……と自分に言い訳し、4年生になったら受験できる陸軍士官学校をめざすことにした。

戦況は段々と雲行きが怪しくなり、地方の長野でも物資不足と男手不足は深刻になってきた。秋になると毎週土曜に十数キロも歩いて飯綱山麓の学有林へ行き、落葉松の間引き伐採作業をして、帰りには学校の暖房用薪を集めて運んだ。

農家の労働力も不足したので、農業の勤労奉仕にも駆り出された。春は田植え、秋には稲刈り。若槻村・柳原村・長沼村など長野市近郊の各農家に数人単位で配属された。この奉仕作業は楽しみだった。いつも腹を空かせていた食い盛りの私たちにとって、農家で出してくれるおやつは神の恵み。特に小麦粉で作った薄焼きせんべいが最高のご馳走だった。

昭和20（1945）年、三年生になったころには、一億国民総動員で戦争一色になっていた。4月には大豆島の長野飛行場で掩体壕《えんたいごう》（土盛りのシェルター）作りの土木作業、5月からは学校の剣道と柔道場を潰して軍需工場にするなど勤労奉仕が続き、勉強をしている時間がなくなった。

当時の校長は盛んに海軍飛行予科練習生（通称：予科練）の受験を勧めてくれたが、あと1年待って陸軍士官学校を受けるつもりだったのでこの勧めには応じなかった。間もなく、戦争激化で不足した兵を補うために、中学3年生で海軍兵学校が受験出来る予科が創設されたので、こちらの推薦入学を申込んだ。とにかく、少しでも早く上級軍人になる道を歩みたかった。

長野空襲と疎開

昭和20年8月6日広島に、続いて9日に長崎に原爆が落とされた。現在のように瞬時にして情報が広がる時代ではない。新型爆弾らしいということぐらいしか分からなかった。

8月13日早朝、突然、空襲警報が鳴り響いた。それまで、ラジオ番組でしか知らなかった音である。いよいよ長野にも来たか！

夏休み中であったが、学校が心配になり吉田から学校へかけつけた。学校に着いた時、米軍のグラマン艦載機が大峰山方面から我々の頭上近くを通り長野駅へ向かって次々と飛んでいった。標的は大豆島の長野飛行場か、長野駅か。防空壕から顔をだし、そのグラマンを見上げると、米軍ヤンキーの顔が見えたような気がしたので睨み付けてやった。近くの女学校に日本軍の師団司令部があるので、きっと米軍を追っ払ってくれるだろうと思ったが、まったく何一つの反撃もなく、十数機の米軍機が自由自在に飛び廻っていた。その日の午後、長野市内東北方面にも機銃掃射が襲った。若槻の国立傷痍軍人長野療養所が爆撃を受けた。長野はもう危ない。

翌日の8月14日、私と弟二人と妹、義母の5人で吉田からおよそ30㌔離れた古間村柴津の知人宅に疎開することになった。大きなタイヤのリヤカーに身の回りのものと鶏を積み、夕方、吉田を出発した。若槻村吉から牟礼に向かって長い長い坂道を登る。私がリヤカーを引き、弟たちが後ろを押す。弟たちはまだ10歳ほどである。私が手を離したら、車輪につぶされてしまう。一歩も後に引けない。夜通しリヤカーを引き、目的地に着いたのは15日の正午。家の縁側に近所の人たちが集まっている。玉音放送が流れていた。日本は負けた。敗戦の無念と灯火管制が解かれた安堵感が複雑にからみ合った。その日ひと晩だけ知人宅に泊まり、翌朝、再びリヤカーを引いて同じ道をたどり吉田に戻った。

神風が吹き日本が勝つと信じていたのに……この日から、神仏への信仰心が失せた。

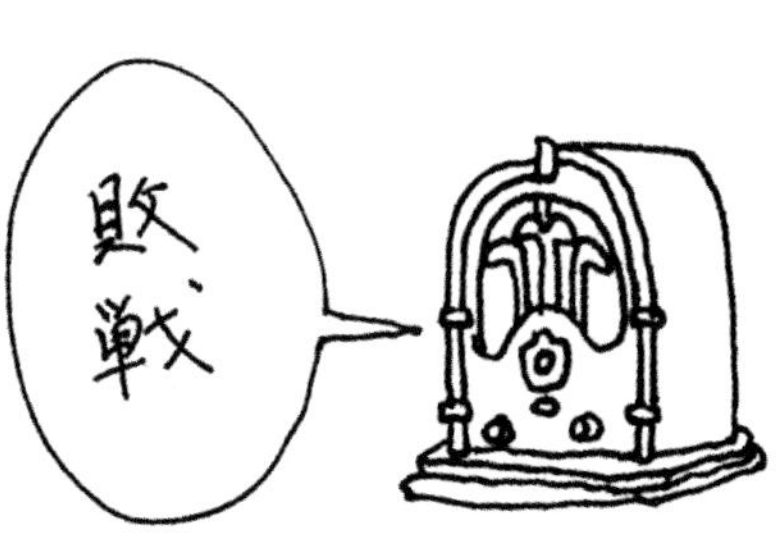

この敗戦で、父は以前よりいっそう強く「これからの日本は自己の力で生きて行く時代だ。学歴は必要ないから学校は辞めろ」と言い放った。もとより実行実力主義を徹底する父である。戦争が終わり、あれだけ憧れていた陸軍兵学校も海軍士官学校もなくなり、一気に目標をなくした空虚な私は、父に言われるがまま山林伐採の手伝いを始め、2学期から学校に通わなくなった。

しばらく何も考えずに汗を流して働いたが、風間先生の中学受験ができるよう一生懸命父を説得してくれた姿、学友と懸命に競い合ったこと、警戒警報の中いち早く学校に駆けつけたこ

となどが山の風景の中に浮かび、再び学校に行きたい気持ちが募り始め、5年生卒業までなんとか学校に通わせて欲しいと父に懇願した。最初はけんもほろろだったが、どうにか父が納得してくれたので1か月ぶりに登校した。

ところが、担任教師ジャコから「おまえは退学だ」と宣告されてしまった。仕方なく事情を父に話をしたところ、父は酒1升を出し「これを持って担任の教師に頼め」と一言。父に言われたとおり、1升瓶をもってジャコのところへ行き復学を頼んだ。ジャコは酒を受け取り、にやっと笑って通学を許可してくれた。私は少し大人に近づいた気がした。

旧制長野中学校５年生　卒業記念に（昭和 23 年）

卵かついで行商に

再び学校に通いはじめたが、世の中は物資や食料が不足し、経済は極度に混乱していた。父は、伐採した木材の売り先がなくなったので、やむなく燃料用の薪にして『櫻な美酒造』に売った。それでも、家計は苦しく、少しでも助けになればと、義母がニワトリを数十羽ほど飼育し卵を生ませていた。卵は当時貴重な食品である。東京なら高値で売れるはずだと父は思い立つ。でも誰が東京に卵を売りに行くのか。結局、父の「治、売ってこい」の一言で、中学生3年の私が東京へ行商に行くことになった。

卵が割れないように木箱に綿を敷き、30個ほどを詰めて、吉田駅から夜行列車で東京へ向かった。長野と東京間は蒸気機関車で8時間ほどかかる。満員の客車には闇屋の人たちが大勢乗っている。ここに卵があることが分かれば、奪われてしまうかもしれない。周囲の人に見えないように箱を椅子にして腰掛け、「どうか見つかりませんように」と祈りながら隅の方でじっとしていた。カーブになると汽車は大きく傾く。その度に、卵が割れないように右に左に足を踏ん張り、夜通し一睡もできずに早朝上野駅に着いた。

上野駅は、人でごった返していた。東京には、以前父に連れられてきたことがあったが、一人で来たのは初めてだった。さて、よわったな。どこにいけば卵を買ってもらえるのだろう。「東京の繁華街といったら浅草だ。浅草へ行こう！」。終戦直後でも上野から浅草まで東京地下鉄道（現・銀座線）は動いていた。

現在テレビなどで見る東京大空襲の後は、焼け野原になったシーンだが、私が行った浅草あたりには家も店も残っていた。食堂らしき店に入り、恐る恐る「今朝とれた卵です。買っていただけませんか」と店主に声を掛けてみた。店主はあっさり10個買ってくれた。「しめた、これなら楽勝だ」。次の店でも10個、その次も10個。あっという間に30個の卵は売り切れた。「これならもっと持ってくれば良かった」。卵の売り上げは、東京まで旅費を引いても多少の利益が残った。「次に来るときは、もっとたくさん、もっと高く売ろう」。つい数時間前までドキドキしながら一睡もせずに汽車に乗ってきたことなどすっかり忘れていた。午前中に完売できたので、昼過ぎの汽車で長野に帰った。

つらい行商の話もある。終戦から1年過ぎた頃の話である。父は長野から北海道へパルプ材を運ぶ仕事をしていた。パルプ材は鉄道貨車で運ぶ。貨車は貸し切りなので、行きはパルプ材を載せても帰りはカラで戻ってくる。それでは効率が悪いと考えた父は、北海道で樽詰めの「イカの塩辛」を数百個仕入れ、帰りの貨車に載せてきた。北海道、特に生まれ故郷の豊浦のような漁村では日常で食べている「イカの塩辛」だが、山国の長野では匂いのキツイ珍味である。父が長野でも日常食だろうと思ったのか、逆にその貴重さに目を付けたのかは聞かなかったが、とにかく数百個の樽がいきなり届いたのである。魚屋に売りに行ったがまったく引き取り手がなく、途方に暮れていたときに、また父の一言「治、売ってこい」。学校は夏休み。夏……そう、夏なので「イカの塩辛」は、急がないと腐ってしまう。

私は仕方なく、雇った売り子たちと一緒に、樽詰めの「イカの塩辛」を大きなリュックサックに入れて背負い、長沼村や近郊の部落の家を一軒ずつ訪ね、「イカの塩辛」がいかに美味いかを説きながら売り歩いた。移動には列車も使ったが、その臭いで周りの乗客から睨まれ、なんとも切ない思いをした。夏休みの間じゅう売り歩き、何とか「イカの塩辛」を売り切ったが、いまだに「イカの塩辛」はキライである。

進路を絶たれて

旧制中学5年生は、今で言うと高校2年の17歳である。翌年の昭和22年に施行される6・3・3制の学制になるまでは、この歳で大学受験になる。当初、大学進学は考えていなかったが、同級生の大半が進学で受験勉強をしており、それに感化され、私もこれからは国際時代と思い東京外国語大学の受験を考え猛勉強を始めた。しかし、ここでまたまた父の壁に阻まれる。「これからは実力の時代だ。学歴はいらん！」大学受験の願書は出したが、どうしても受験に行かせてもらなかった。その時、どうして家出をしても受験にいかなかったのか……この時の後悔が、この後、数度の家出実行につながったのかもしれない。

敢えなく大学受験を断念した旧制中学卒業間際の3月、私の性根を叩き直すためかどうかは定かではないが、父は、私を生まれ故郷である北海道・豊浦の山林伐採に連れ出した。豊浦の親戚宅に滞在し、数か月間山奥での山林伐採、薪作りの作業を続けた。その間、5年間通った中学の卒業式にも出席できず、新年度からの学制改革で新制高校3年生への進級の機会も逃した。敗戦で兵学校への道が消え、今度は大学への道も絶たれてしまったのである。

北海道の苦行から長野に戻ってからは、牟礼村にある「もとどり山」の杉を電柱用に伐採する作業をさせられた。伐採した長い材木を荷車に積み急斜面を数百メートル先の国道まで荷車で運ぶ。私が走る荷車の先頭で舵を取り、父が荷車の後ろをつかみ足ずりでブレーキを掛け坂道を下る。もし父の手が緩んだら私は荷車の下敷きになる危険な仕事だ。疎開の時は、弟たちを守りながらリヤカーを引き坂道を上り、今度は父を信じて荷車を引き坂道を下る。命懸けのアップダウン車引き人生は私の宿命なのかもしれない。

昭和24（1949）年秋、蹄鉄と山林伐採事業しか知らない父が突然、長野電鉄信濃吉田駅南側にあった経木工場跡を買い取り、ここで精米所を始めようと言い出した。精米には技術が必要である。「治、精米技術を覚えてこい」。父に言われるままに、西和田の丸山精米所に通い精米を習い始めた。精米所の作業場は、舞い上がる米ぬかで作業服はもちろん顔や手足も真っ白に粉まみれになる重労働だった。

２週間ほどたったある日、父は何故か精米所計画を中止にした。その時の私の心境は「冗談じゃねえや！　もうオヤジの仕事に

は付いていかれれねぇ」。

初めての家出

今度こそはと家出を決行した。とはいえ、就職難の当時、手に職もない私にできる仕事はそうそうない。職業安定所に行き、文房具店の住込みアルバイトを見つけた。数か月間アルバイトをしているうちに警察官と警察予備隊員（自衛隊の前身）の募集が出た。山仕事で鍛えたので体には自信があるし、かつては海軍兵学校に入り上級軍人をめざしていたこともあった。これなら雪辱を果たせるかもしれない。今風にいえばリベンジだ。

警察は地方警察と国家警察の募集に分かれていたが、難関の国家警察を選んだ。警察予備隊は2年間在籍で6万円の退職金がもらえるとあって競争率は10倍以上。どちらも、学科試験と身体検査で審査される。私には打って付けの挑戦だ。今度こそ父の呪縛から解かれて上をめざしてやるぞ。

結局、両方受験し両方合格した。ところが国家警察の方は合格しても1年の期間で順次採用とのこと。それじゃあ、食っていけない。警察予備隊は合格通知1か月以内に入隊だったのでこちらに決めた。

アルバイトを辞めて意気揚々と家に帰ってみたら、なんと、父は倉庫を映画館にしていた。

警察予備隊入隊のころの私

第2章　映写機かついで　巡回移動映画興行

ド素人が映画館を始めた！

　父が精米所にするつもりで買った工場跡は、国鉄北長野駅（現・北長野駅）と長野電鉄信濃吉田駅の中間にあり、いずれの駅からも徒歩数分の距離であった。敷地の向かい側には八百屋、菓子屋などの商店はあったが、長野市の中心に比べるとずいぶん田舎だった。あたりの道には歩く人と自転車だけ。時折オート三輪自動車と荷物を運ぶリヤカーが通る程度である。もちろん道路は舗装などされていない。

　450坪（1500平方《メートル》）ほどの敷地の中に、倉庫とリンゴの木が10本あった。倉庫だった建物は木造の平屋で、天井の高さが6《メートル》、幅10《メートル》、奥行き20《メートル》ほどの柱のない土間空間だった。

　この建物を見た知人が「映画館にしたらどうか」と父にもちかけた。戦後復興期の人々が娯楽に飢えていた時代である。どうやら、この一言で父は精米所計画をご破算にして映画館構想

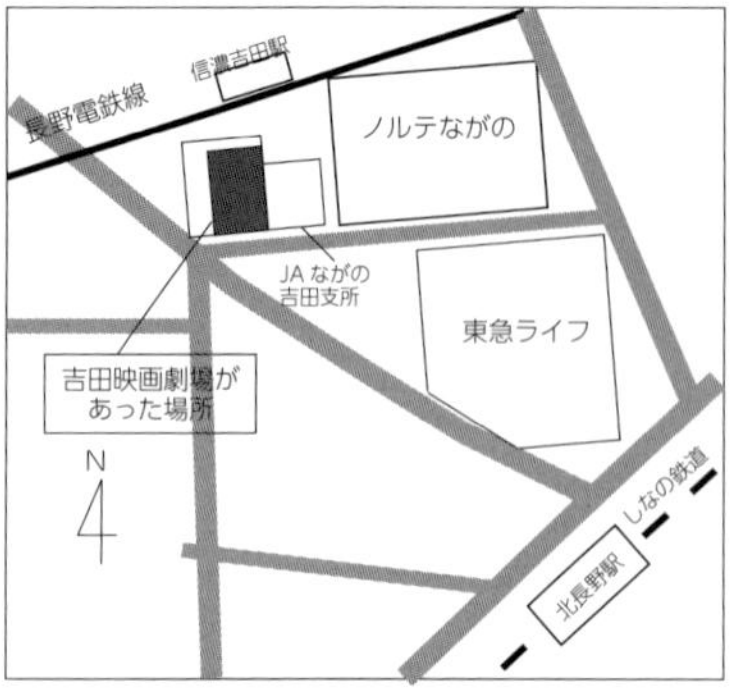

吉田映画劇場があった場所
（現在の地図にあてはめた）

に大転換を図ったらしい。

当時、長野市中心の繁華街にあった5つの映画館（相生座・長野演芸館・長野活動館・長野中央劇場・長野商工会館）には人があふれていた。この5つの映画館はいずれも地域で最初に作品を公開できる封切館である。その様子を見に行った父は、これなら商売になると確信したようだ。

これだと決めたら、猪突猛進するのが父の気性。さっそく倉庫跡の建物を映画館に改造する作業が始まった。といっても、映画興行には全くのド素人。見よう見まねの手仕事である。

劇場空間を作る

映画館にするには倉庫の建物だけでは観客席にするための幅が足りない。建物は切妻造りなので、中央の天井高を保ったまま広くするには両側を広げなければならない。しかし、倉庫の幅は敷地ギリギリに建っていたので片側しか増築できない。「えぇい、倉庫を移動させて横に空き地を作って広げよう。」とい

吉田映画劇場跡 農協の倉庫で使われていた内部
（1995 年：平成７年７月撮影）

うことになり、曳家、つまり建物全体を持ち上げてレールに乗せて動かしてしまった。長年、山を相手にしていただけあって、やることが大胆なのである。動かした建物を中心にして両側に軒を広げ、なんとか映画館らしい建物になった。

次は、客席だ。これまで木材の仕事をしていたので、木工関係には知り合いは多い。つきあいのあった滝沢木工に背もたれのない4人掛けの長椅子を50個ほど注文した。1階の土間に40個ほど、もともと建物の一部が2階になっていたところにも6個置き、定員250人の客席ができた。

スクリーンは白い布があればいいだろう。綿の白布を縫い合わせスクリーンにした。映写機は中古を買った。

さて、弱ったな。肝心の映画フィルムはどうする。フィルムを持っているのは巡回映画で回っていた業者だ。そこから借りよう。まるで笑い話のようだが、こ

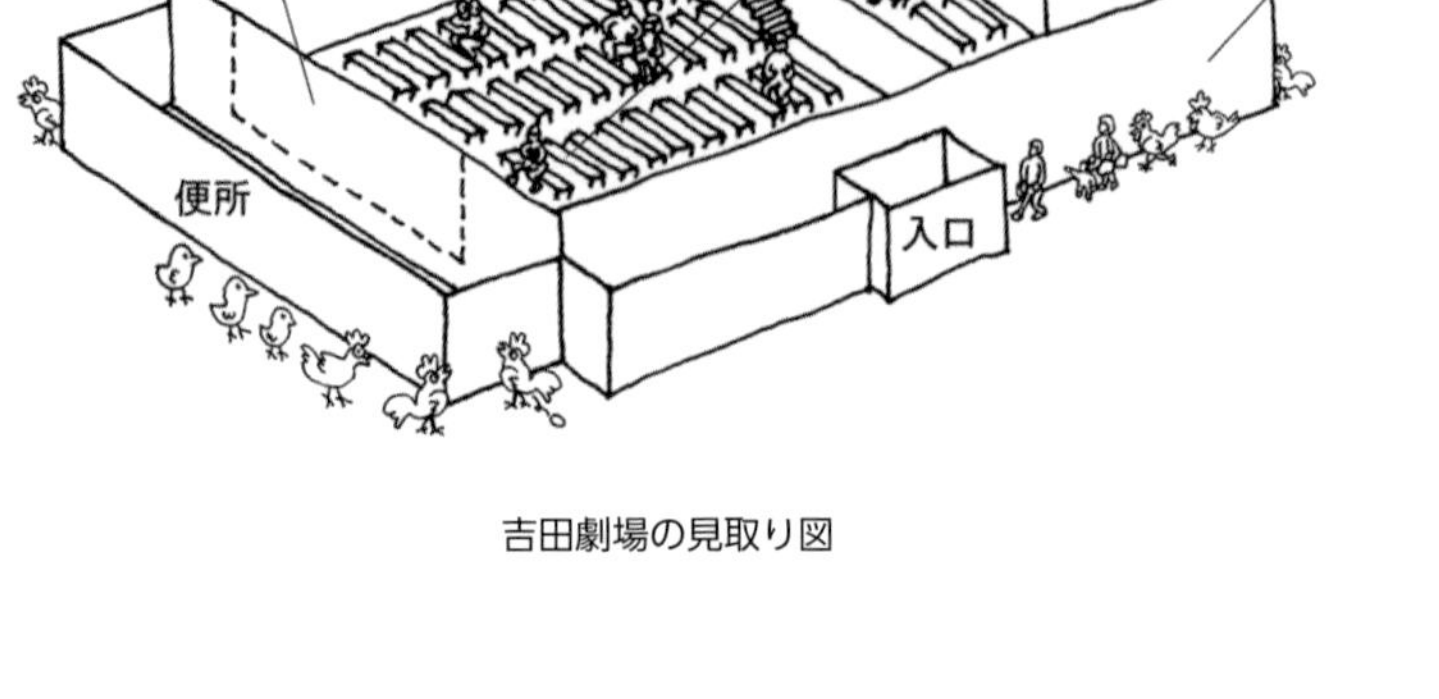

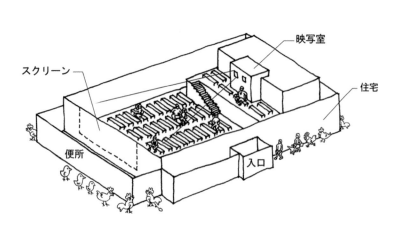

吉田劇場の見取り図

の時、映画は配給会社と契約してフィルムを貸し出してもらうという業界では当たり前の事すら知らずに映画興行を始めたのである。

ニワトリが走り回る映画館

昭和25（1950）年8月5日、仮設の映画館として「吉田映画劇場」がスタート。

掘っ立て小屋同然の木造の建物は隙間だらけ。冬は石炭ストーブを炊いてもその周りしか温まらず、夏は扇風機などないので汗だくの上に蚊にも刺され放題。そんな劣悪な環境でお客さんは映画を観ていた。

便所（当時はトイレなんてハイカラな言葉はなかった）は、客席をかこむようにあるU字型の通路の突き当たり、つまりスクリーンの裏側にあり、汲み取り式。小便器もなく、ただ溝に流すだけ。夏になると客席まで汚物の臭いが漂ってきた。

吉田映画劇場跡 農協の倉庫で使われていた外観（1995年：平成7年7月撮影）

映画館の周囲にはリンゴの木が数本あった。その木の間に小屋を作り、家計の足しになるようにと義母がニワトリを十数羽とアンゴラウサギを飼っていた。このニワトリが時々小屋から脱走をはかり、「コ、コ、ココッコ」と鳴きながら、映画館の入口までやってくるのだ。場内に入らないようにと追い立てる姿は、コメディ映画さながらの滑稽な風景だった。

オープン当時の吉田映画劇場
（後列左から）叔母、父・中谷勇、私、妹・レイコ、継母、従業員の親戚
（前列左から）　弟・国夫、従兄弟、弟・守

保健所が結んだ縁

現在でもそうだが映画館は公衆衛生法が適用される。映画の興行をするには保健所の許可が必要なのだ。常設映画館の場合、設立時に1度許可を受ければその後は続いて営業はできるが、仮設の場合は、上映する映画作品が変わる毎に許可を受けなければならない。

前述したように、私は一か月後に警察予備隊の入隊が決まっていたので、それまでの間、この興行許可申請を手伝うことにした。長野保健所へ申請書を出しに行き、手続きの間そこで待ち、許可証が下りたら受け取って帰るのである。２度ほど通ったところで、窓口の女性が、「私の自宅は、吉田映画劇場の近くなので、許可証はお届けしますよ」と言ってくれた。

その女性が、６年後に私の妻になり、50年以上苦楽を共にする相棒となった寿代である。

出会った頃の私と寿代
（雲上殿にて）

映画の仕入れ

仮設で始めた映画館も、まじめに許可申請を繰り返したことが功を奏したのか、数ヶ月後には常設として認められた。と同時に、映画フィルムを巡回映画の業者から借りてはいけないことを映画配給業界から指摘され、松竹・大映（現・KADOKAWA の源流）・東映と配給契約を結び映画フィルムの供給を受けることになる。

しかしこの頃、長野市にはすでに5つの封切映画館があったため、これらの映画館の上映終了後、しかも半年以上経過した映画しか上映できない再映館としてしか認められなかった。

映画作品は、映画配給各社のセールスマンが長野を訪れ決めていたが、それを待っていたのでは希望する映画を組み合わせて仕入れることは難しくなる。しかも再映館というハンディもあったため、父は毎月、汽車で八時間ほどかけて東京に出向き、配給会社への直接交渉にあたった。

当時、映画は2本立てで一週間の上映が通例だった。

中心市街地の封切館はいつも満杯だったが、再映館でしかも田舎の吉田映画劇場は市街地ほど集客力はない。そこで、何とか入場者を増やそうと、通常一週間で2作品仕入れるところを4作品仕入れ、前半4日と後半3日で作品を変えた。しかも、封切館の入場料が、大人60円、子供30円のところ、半額の大人30円、子供15円で興行した。

映画一本５０００円～１００００円の仕入れの頃である。仕入れは倍の４作品分、入場料は半額。いくら映画興行の素人とはいえ、これでは資金繰りは厳しくなるのは明かである。

それでも何とか客を増やそうと近所にビラを配ったり、ポスターを貼ったり、できるかぎりの告知に努めた。

そんな最中、移動映画業者が近所で営業を始めた。映画興行の世界では、常設映画館の周囲４㎞以内では、近隣常設館の許可なく巡回興行をしてはならないという契約になっていたはずである。

「営業妨害じゃないか！」

父は激怒し、その巡回移動興行の差し止めを命じた。

そこで転んでもただで起きないのが父である。

「多く仕入れている2作品を使って、吉田よりも田舎を回って移動映画興行をやろう」

と思いついたらしく、移動上映用の中古映写機を買ってきた。またしても突然の出来事だった。吉田映画劇場・移動映画興行の始まりである。


この時私はすでに警察予備隊で山形に配属が決まっていた。代

わりに、この年の４月に就職したばかりの弟・守が急遽呼び戻され、今まで私が受けていた強引な父の圧力を一身に引き受けることになる。

守、映写技師になる

吉田映画劇場には数人の映写技師がいたが、移動映画に出せる人員の余裕はない。

「守、映写技師の免許をとれ！」と父の一撃。

15歳の守が映写技師の免許を取ることになった。

当時のフィルム映写機は、カーボン（炭素棒）２本を接触させて出る強い光で映し出していた。カーボンは、燃やすとドンドン短くなるので、絶えず手動で押し出していかなければならない。また、フィルムは可燃性で燃えやすい。切れた場合はカーボンを燃焼させている熱でフィルムに火が付き、火災を起こす恐れもあった。映画「ニュー・シネ

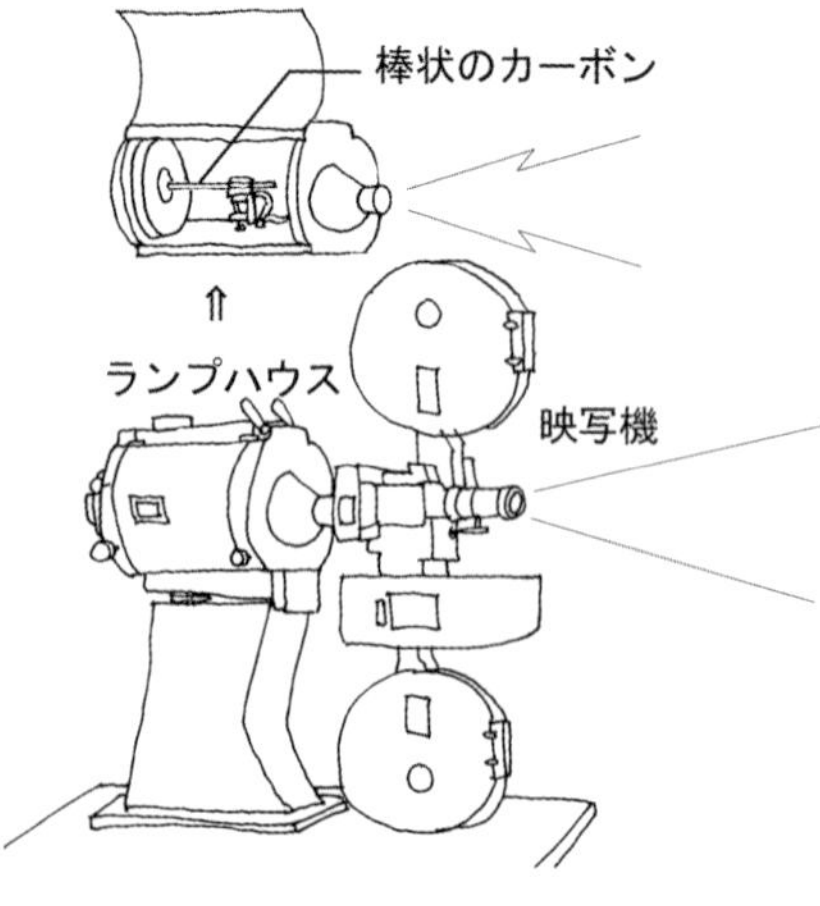

マ・パラダイス」のアルフレッドを思い浮かべてみると、当時の映写技師の姿は想像できよう。

このような危険が伴う仕事であったため、映写を行う「映写技師」は国家試験の免許が必要であった。

この免許の試験は労働基準局の立ち会いで、地元映画館の先輩技師を試験官にして行われた。学科試験はなかったが、実技試験があった。その内容は、映写機の反射ミラーやカーボン棒の位置をずらしておき、切れた状態のフィルムを装填して映写機を動かし、その状態から、素早く映写機を調整し、フィルムをつなぎ直し、正常に映写ができるまで正確に迅速に作業を行えるかどうかというハプニングの対応技術を審査する。元来、人付き合いはあまり得意ではないが、手先が器用だった守は、15歳でこの試験をパスした。

吉田映画劇場の前で映写技師たちと
最左が弟の守、右から２番目が私 (1952 年 : 昭和 27 年８月)

いけいけドンドンの巡回移動映画興行

初めての移動映画興行は、若槻の療養所（現・国立病院機構東長野病院）だった。映画が好きで、よく吉田映画劇場に通ってくれていた料亭の原田さんが紹介してくれた。

中古の映写機で始めた当初は、上映中にモーターは焼けるし、移動途中に真空管が割れたりズレたりしてトラブルが続いた。

「そんなんじゃダメだ」とすぐに父が新品の移動映写機を買ってきた。この映写機が優れものので、機械のトラブルは格段に減り、吉田映画劇場の移動映画の評判はすこぶる良かった。

移動映画興行の種類

移動映画には2種類あった。

ひとつは、自分たちで会場を借りて上映する自主興行。こちらは場所代を払うだけで入場料は全て収入になる。50人ほど入る会場を借り、ひとり50円の入場料を徴収する。つまり売上は２５００円。そこから会場費を支払うと手元に残るのは１０００円程度。

それでも何とかやっていけたのは、人件費を払わないですむ家族でやっていたからだろう。

もうひとつの形は、主催者となる受け元がいる依頼興行。こちらは映写機とフィルムを持ち込んで上映し、1回あたり定額で上映料をもらえた。我々の新しい映写機の噂を聞きつけてか、依頼がどんどん増えていった。他の巡回映画業者が上映料５０００円だったところ、私たちには６０００円でも依頼があった。

質を上げれば、結果高い収入が得られるという理念はここで植え付けられた。今思えば、これも父の先見の明である。

自主興行と依頼興行を合わせると、ほぼ毎日移動上映が続く。

疲労がたまり、こんな失敗もあった。長沼の戦争未亡人会に招かれたときの話である。映画のフィルムは、ひと巻きが10分ほど。それを2台の映写機で交互に投影する。フィルムの切り替えは画面の左に白いパンチの合図がでるタイミングで、隣の映写機を回さなければならない。映写技師をしていた守は、ついウトウトしてしまい……。次のフィルムが始まらないので画面は真っ白。この時は、上映料を５００円も値切られてしまった。

吉田映画劇場　移動上映人気の秘訣

映画全盛期のころでも、映画館のない郡部の人たちは長野市街まで足を運んで映画を観ることは希であった。市街地に出かけることですら、えびす講や大きな行事など年に一、二回ぐらいのことである。このような郡部では、巡回移動上映はどこでも歓迎された。

吉田映画劇場の移動映画の人気の秘訣は、故障が少ない移動映写機の他にもう一つある。巡回映画専門の業者が上映する映画は古いものだったり同じ映画を何度もかけたりしていたが、私たちは、吉田映画劇場で仕込んだ一週間4作品の映画フィルムから、劇場でかけるのは2作、残りの2作のフィルムを移動映画でかけるので、比較的新しい映画を次々と観ることができたのだ。

映写機かついで……

営業担当の社員が加わり、自主興行も増えていった。

自主興行では、定期的に上映先の会場主と売上を折半する興行もあった。信州新町の西山会館と古間村の鎌工場跡の好楽荘だ。

映写はこちらが担当し、現地の会場主が入場料を徴収する。この興行に出るときは、父は決まって「ちゃんと入場者の数を数えておけ」と命じる。会場主が人数をごまかさないためだが、そんなことを言われても、こっちは一人で乗り込み、映写機を組み立て、スクリーンを張り、フィルムの準備をし、上映が終わった最終のバスや汽車に間に合うように片付けなければならない。客の人数などを数えている余裕はまったくないのである。

会場だけ借りる自主興行の時は、だいたい2人体制で行う。

私が戻るまでは、父と守で回っていた。

準備をしている間は「守、しっかり食べておけよ」とやさしい父であったが、客が集まり始めると突然変貌し檄を飛ばす。「守、何もたもたしてるんだ！」父は、お客さんを見ると興奮するのだ。たぶん客の顔が銭に見えていたのだろう。

警察予備隊にいた私は、弟たちの苦労が気になり、退職金がもらえる2年間を待って除隊し映画館の仕事に就くことにした。守と一緒に巡回移動映画も始めた。

巡回移動映画の興行は連日続くが、仕事はそれだけではない。朝7時

に起き、次の興行宣伝準備として、新聞折り込み用のチラシをガリ版で書き謄写版で刷り、興行先の新聞店に上映ポスターと共に発送する。映画配給会社へのフィルムの手配などをした後、夜の巡回興行に間に合うように、遅くとも午後3時には吉田を出発。興行が終わって家にたどり着くのが深夜12時過ぎ。週末はかき入れ時なので、休日は皆無。休める時間は、少ない睡眠時間だけ。当時20代だったからできたことだ。

移動映画で運ぶ荷物は、映画フィルム2作品（20巻）、映写機2台、フィルムマガジン（フィルムの巻き取り容器）、スピーカー、アンプ（音声増幅器）、トランス（変圧器）の8個とかなりの重さである。

自家用車などない。機材とフィルム全てを肩に担ぎ、手に持って移動するのである。ふたりの時はまだましであるが、守がひとりで移動するときは地獄である。末の弟の国夫に手伝わせることもあったが、国夫はたびたび逃げてしまってあてにならない。末っ子は往々にしてちゃっかりものである。

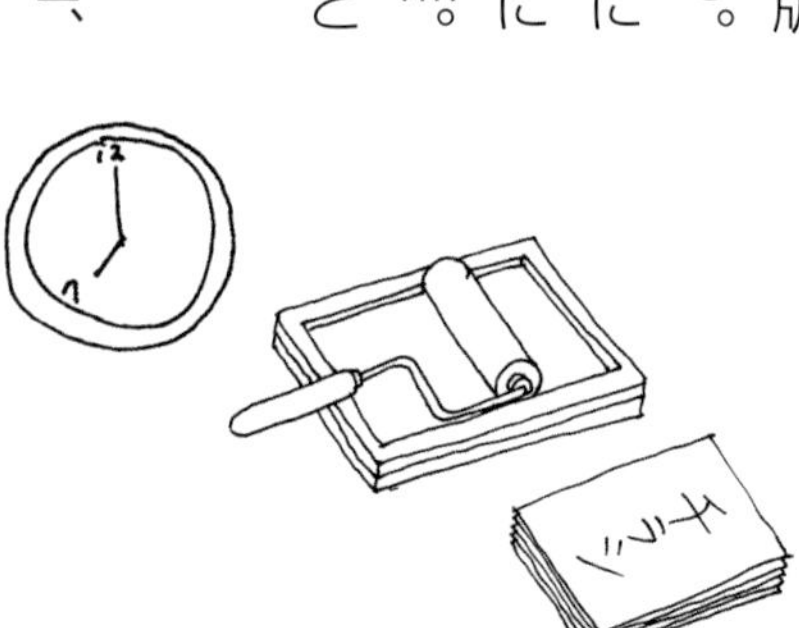

鉄道がなくバスを使う山間地の信州新町や鬼無里などのときは、吉田からタクシーで西後町

の川中島バスの発車場まで行き、この大荷物を乗り合いバスに乗せ込み運ぶ。通路をふさがれた他の乗客には迷惑だろうなぁと肩身が狭い思いもしたが。

「今日はどこでやるんだい」

と声をかけてくれる人もいて、

「ああ、楽しみにしてくれてるんだなぁ」

と思うと少し気が晴れた。

牟礼や古間など発車時間が厳密な汽車で運ぶときはもっとスリリングだ。国鉄北長野駅の停車時間は短い。短時間で荷物を乗せなければならないので貨車の位置を予想して待っているのだが、い

移動上映に使用した携帯用 35mm 映写機（「新響 JR 型」）
左：アンプ　中央：投影機とマガジン　右：レンズとスピーカー
当時多くの巡回映画会は 16mm フィルムで上映されていたが、この映写機は映画館と同じ 35mm フィルムの上映が可能であったため、映写効果が良く、観客から好評を得た。

ざ汽車が入ってくると、停車位置がずれる。「いじわるされているんじゃないか！」と思うほど大きくずれることもある。

発車は荷物を積み終わるまで待ってはくれない。なんとか荷物は積み込めても汽車は動き出してしまい、走って追いかけ貨車に飛び乗ったこともあった。

映画は夜の上映である。映画が終わって片付けて最終の汽車に乗らなければならないこともある。10分早く映画を切り上げなければ間に合わない。そんな時はどうしたか。

フィルムのリールを回すベルトに少し細工をする。そうすると、お客さんにはわからない程度にフィルムが早回しになり、少しずつでも早くなると、2時間の映画ならトータルで10分ぐらい短くなるのである。

他の方法もあった。昔の映画はオープニングタイトルのところでキャストとスタッフの紹介がある。これ

【主な巡回先】（　）内は現在の地名

●毎月数回開催した会場

古間村（信濃町）好楽荘

牟礼村（飯綱町）牟礼公民館

信州新町（長野市）西山会館

●年数回開催した会場

柏原村（信濃町）清和荘

柏原村（信濃町）仁之倉の倉庫

野尻村（信濃町）小学校体操場

富士里村（信濃町）落合部落

三水村（飯綱町）倉井公民館

三水村（飯綱町）芋川公民館

豊野町（長野市）南郷公民館

小川村（長野市）高府の倉庫

七二会村（長野市）笹平の商工会館

長野市尾張部の寺境内

長野市若槻の国立療養所

他、元綿内劇場、小川村・鬼無里村や三水村赤塩の祭り、東筑摩郡坂北村での興行もあった。

を飛ばして物語が始まるところから上映したこともあった。もっと大胆なのは、10分ごとに切り替えるフィルムの頭を少しだけ先送りしておくのである。見ている客は、「あれ、話が飛んだ？」と一瞬思うが、物語は続いているので、そのうちに忘れてしまう。これで、ぎりぎり最終列車に間に合うように上映したこともあった。

列車移動は命がけ

列車移動で強烈な思い出がある。

前述したように、移動映画で使うフィルムは吉田映画劇場でも使うフィルムだ。ある年の冬、吉田劇場と古間の移動映画でフィルムの掛け持ちをすることがあった。吉田で上映が終わり直ぐフィルムを古間まで届けるのである。国鉄北長野駅から汽車に乗り、古間駅に着いてから上映会場まで移動していたのでは間に合わない。上映会場・好楽荘は、柏原駅（現・黒姫駅）より手前にあった。このあたりは豪雪地帯で1《メートル》ぐらいの雪が積もっていた。好楽荘の担当と示し合わせ、会場から一番ちかい田んぼの雪の上に列車からフィルムを投げ落

とし、拾ってもらうという計画を立てた。
いくら昔のこととはいえ、走っている列車から物を落とすことは御法度である。車掌に見つからないようにドキドキしながら、カーブに差し掛かったところで目をつぶって力一杯放り投げた。布袋に入っていたフィルムの缶はカラカラと音を立てて雪の上を転がった。動いている列車からはフィルムが列車の後ろに巻き込まれてしまうように見えた。「ああ、だめだ！フィルムが……」。カーブを曲がり終え、落としたところを遠く見ると、フィルムを抱えた好楽荘の担当者が大きく手を振っていた。

一年のうちで一番、移動映画を心待ちにされるのが正月である。元旦は牟礼、2日は古間の好楽荘、3日は野尻湖と巡業する。野尻湖に行くには柏原駅から移動するのだが、このあたりは雪が深い。駅から野尻湖まで、駅前の旅館で借りた馬ゾリを使っての移動になる。父が馬を操り、重い荷物は荷台にある。はき出した息が凍りそうに寒かったが、風を切りながら走るソリの乗り心地は最高に楽しい思い出だったと後に弟・守が話していた。

節電対策?!

映写機を動かすのには電気を使う。映画館ではカーボンを燃やして光をだすが、移動上映用の映写機では１０００wの電球を使う。コンセントがない場所では、しばしば電柱から銅線をつなぎ直接電気を引き込んだりした。周辺の家が電気を使うと電圧が下がる。そうすると映写機の回転が遅くなり、映画が突然スローモーションになってしまう。

そこで、事前に周辺地域をまわり

「映画に来るときは、ご自宅の電気を消してきてください」

と呼びかけたこともあった。

定期的に映画会を開催していたので、各地で常連さんも徐々に増えていった。美空ひばり主演の映画や東映の時代劇の時など、座布団や団扇、お弁当持参で、まるでお花見に行くように家族揃って来てくれた。楽しそうに映画を観てくれるお客さんの顔をみると、重労働の疲れも吹っ飛んだ。

野外上映会

夏や秋の祭りの時期は、野外で映画会をしてほしいという依頼がたくさんきた。会場の設営は祭りの役員さんが手伝ってくださり、祭のご馳走も振る舞ってくれた。しかも、一万円も上映料をもらえた時など涙が出るほど嬉しかった。

祭りなど野外での映画上映で大変だったのは、風と電気。

客席の周りを戸板などで囲うのだが、風が吹くと布で作ったスクリーンがパタパタとはためき、映像も揺れてしまう。アンプ（スピーカーにつなぐ音声増幅器）はまだ真空管だったので、故障しやすく度々音が出なくなったり雑音が入ったりした。そんなときは、地元の電気屋さんが応援してくれ随分助かったものだ。

当時の映画フィルムはセルロイド製であり、しかも全国で何度も使われていたので、かなり劣化していた。上映中に度々切れ、その度に大急ぎでテープや、急ぐ時には唾をつけてつなぐこともあった。お客さんは「あっ！また切れたよ」と言うだけで、復旧するまで文句も言わず待っていてくれた。

大事件発生!!

しばらくして、信州新町の穂刈さんがオート三輪自動車を安く譲ってくれた。荷物運びは楽になったが、信州新町など西山方面への道路は、大部分が犀川の崖っぷち。道路幅は狭く、舗装もされてないデコボコ道である。弟の守が運転し、私は真空管が割れないようにアンプだけはしっかり抱えていた。雨の日は水たまりと轍に車輪がとられ、崖から落ちるのではないかと決死の覚悟での移動だった。

このオート三輪では大事件があった。

上映会を終え急いで片付け、荷物を荷台に積み込む。車には宣伝に使う拡声器用にバッテリーを積んでいたので、その横に機材の箱を置き、少し離してフィルムの缶を積む。荷物を積み終え、出発しようとした時「忘れ物だよ！」と誰かがフィルム缶をひとつ持ってきた。その缶を受け取り、運転席に一番近いバッテリーの上にひょいっと乗せてしまった。バッテリーの上には＋と－の端子が向きだしになっている。そこに金属製のフィルム缶が乗り電流が流れショートして火花が散った。

前述したとおり、この頃のフィルムは可燃性である。あっという間に燃え上がった。他のフィルムに燃え移ったら大変だ。しかも、この日は、日本映画で初めてのカラー映画「カルメン故郷に帰る」のフィルムを積んでいた。カラーフィルムを燃やしてしまったらどれだけの損害になるか計り知れない。大慌てでフィルムを下ろし、

「カルメン」は、何とか燃えずに済んだが、白黒映画の1缶は燃えてしまった。

吉田に戻ると「おまえたち何をやったんだ!」私と弟の守は、父に大目玉を食らった。父は配給会社に高額の弁償金を払ってくれた。

ハプニングの多い移動映画だったが、私の映画興行人生の中でも忘れられない仕事のひとつである。

「カルメン故郷に帰る」
昭和26（1951）年　松竹
監督：木下恵介
出演：高峰秀子
小林トシ子
笠智衆
佐田啓二
国産初の「総天然色映画」。ほぼ全編を浅間山麓で撮影。田舎娘が都会でストリッパーに変身。故郷では芸術家と思い込まれドタバタ騒動が巻き起こる。戦後の自由で軽薄な風潮の賛否両論を風刺したコメディ映画。

第3章　映画興行はサバイバル　昭和の映画館 舞台裏

再映館・吉田映画劇場

吉田映画劇場は、「吉劇（よしげき）」の愛称で呼ばれていた。

前述したとおり、吉劇は再映館である。東京で公開して2〜3週間遅れで、長野市中心部の封切館で公開。それから遅れること4か月から半年で、やっと再映館にフィルムが回ってくるわけである。

遅い！と思われるかもしれないが、現在のようにテレビやインターネットなどで瞬時に情報が広がる時代ではないし、ましてや、毎週何十本も公開される映画を作っている時代でもない。東京で評判になって、何となく地方都市にもそのうわさが広がって……この映画見たいなぁと思う頃、再映館で見ることが出来る。という、なんともスローテンポな流通なので、再映館でも人気作品には、そこそこお客は入った。

●この頃の人気作

「青い山脈」
昭和24（1949）年　東宝
監督：今井正
出演：原節子　池部良
偽ラブレターに右往左往する人々をユーモラスに描いた青春映画。

「長崎の鐘」
昭和25（1950）年　松竹
監督：大庭秀雄
出演：若原雅夫
自らも被爆した医科大学助教授が、被爆者の救護活動の様子を記録した随筆をもとに映画化。藤山一郎が歌ったテーマ曲が大ヒットした。

「ひめゆりの塔」
昭和28（1953）年　大映
監督：今井正
出演：津島恵子　岡田英次
米軍による沖縄戦で看護婦として前線に立ったひめゆり学徒隊の悲劇を描いた戦争映画。

吉劇を開館したのが、昭和25（1950）年。昭和28（1953）年にテレビ放送が始まり、その普及率が90％を超える昭和38（1962）年頃までは、映画はまだ黄金時代である。

人気があった作品は
「青い山脈」
「長崎の鐘」
「ひめゆりの塔」
「君の名は」
美空ひばりの出演の映画すべて

これらは、いずれも女性客で賑わった。終戦から8年。ずいぶん生活も明るくなり、映画を観る余裕も出てきたのだろうし、何より、女性たちが自分の人生と照らし合わせ、戦時中、涙を流すこともできなかった苦しみ悲しみを、映画を観て涙を流すことでリペア（回復）させたのではないかと思う。

「君の名は」
昭和28（1953）年　松竹
監督：大庭秀雄
出演：岸惠子　佐田啓二
人気を集めたラジオ放送の映画化三部作。終戦間近から戦後の混乱の時代、会えそうで会えない切ない恋愛ドラマ。「忘却とは忘れ去ることなり…」の冒頭ナレーションや、主人公のファッションが大流行となる。脚本家・菊田一夫の代表作。

【美空ひばりの映画】
「悲しき口笛」昭和24（1949）年
「東京キッド」昭和25（1950）年
「鞍馬天狗・角兵衛獅子」昭和25（1950）年

男性はどんな映画を好んだかというと、片岡千恵蔵、大河内傳次郎、嵐寛寿郎、市川右太衛門、中村錦之助（後に萬屋錦之介）などが出演した東映時代劇。数多くシリーズ化されたものでは、

「旗本退屈男シリーズ」
「遠山の金さんシリーズ」
「水戸黄門シリーズ」

いわゆる〝チャンバラ〟である。

徹底的に戦争教育を受けた男子たちが、敗戦で振り上げた拳のおとしどころがなくなり、その闘争心の矛先を、チャンバラに向けたのもうなずける。勝つはずの日本が負けてしまった……。そんな納得がいかないもやもやを、時代劇の〝悪者がはびこるが最後には必ず正義が勝つ〟チャンバラストーリーで発散したのだろう。

映画は単なる娯楽ではなく、人々の心の栄養であり、薬にもなってい

●戦後の人気時代劇シリーズ

「旗本退屈男シリーズ」
昭和25（1950）年〜
昭和38（1963）年まで
計21作

「遠山の金さんシリーズ」
昭和25（1950）年〜
昭和37（1962）年まで
計18作

「水戸黄門シリーズ」
昭和26（1951）年〜
昭和53（1978）年まで
「水戸黄門漫遊記」「水戸黄門」
東映／第二東映作品
計20作

これらのシリーズは徐々にテレビ番組へと移行していった。

ることを実感した時代であった。

余談であるが、私の父は、柳家金語楼によく似ており「きんごろうさん」というあだ名だった。

そのせいか、父は映画を仕入れるときに金語楼さんが出演するコメディー映画を好んで選んでいた。

柳家金語楼は、落語家であったが喜劇俳優としても名を知られ、テレビ創生期の人気番組、ＮＨＫの「ジェスチャー」に出演したことでお茶の間の人気者になっていた。

柳家金語楼

出典：wikipedia

父・中谷　勇

広告宣伝は手仕事で

当時の映画上映の宣伝は、街頭に貼り出すポスター。木枠にベニヤ板を張り、半切ポスター（B２判程度）２枚か４枚貼れる立看板を作り、吉田を中心に、若槻・古間・古牧・三輪など周辺地域の銭湯や商店の店先のめだつところに置かせてもらう。１００か所ぐらいはあっただろう。ポスターを貼る看板を置かせてもらう商店や民家には、毎月、映画招待券一枚を謝礼に渡した。これをなぜか我々は「ビラ下券」と呼んでいた。

上映作品が変わる前日の営業終了後、夜中から朝にかけて映写技師たちが手分けして町中の看板を貼り替える。自転車に数十枚のポスターと糊を入れたバケツを載せ、夜通し貼り廻る。これが毎週の作業である。前回貼ったポスターの上に次のポスターを貼っていくので、看板がどんどん厚くなる。時々、これをまとめて剥がさなければならない。紙と糊が何重もの層になりほとんど家の壁を丸ごとはがすような重労働だった。

劇場前には大看板があった。ここには模造紙を貼り、安価な泥絵の具を使って上映映画の題名を書いた。これは私の仕事だった。

ときにはオート三輪に看板とスピーカーを付けて町内を宣伝して回ることもあったが。希にチンドン屋も使った。映画のポスター看板を背負ってチンドンの定番「サーカスの唄」をラッパ、クラリネット、太鼓で演奏しながら吉田の町を歩き回る。その後ろを子どもたちが面白がって付いていく。何とものどかな風景だった。

テケツとモギリ

現在のシネコンでは、チケットボックスで入場券を買い、シネマゲートでチケットの半券を切り入場する。この流れは昔からさほど変わっていないのだが、呼び名がおもしろい。

チケットボックスは「テケツ」

半券を切るところは「モギリ」

チケット（Ticket）のネイティブ発音がテケツになり、モギリはもぎる（ちぎりとる）日本語そのまま。和洋折衷の日本文化ならではの呼び名であろう。

吉劇のテケツやモギリは、私の継母と妹、近所のおばさんたちのアルバイトの女性7人ほどで二交代制勤務だった。

庶民を苦しめた入場税

このころの入場料金は、封切館は１００円、再映館は50円であった。その内訳は、封切館で、映画鑑賞料40円と入場税60円で合計１００円。再映館ならば映画鑑賞料20円と入場税30円の合計50円。つまり、映画鑑賞には１５０％の国税が課せられていたのだ。

当時、高校卒の国家公務員の初任給は５，４００円程度。現在の貨幣価値で換算すると、初任給が約１４５，０００円ほどなので27倍。映画料に当てはめると２，７００円位に相当する。

映画を見に来る人は、ほとんどが庶民であり、戦後のまだ貧しさが残るなかで小遣いを貯め、映画を観に来るのである。そこに鑑賞料の１・５倍の税金をかけるとは何事だ！

そもそも、この入場税というのは、もともと芝居小屋の観覧税から始まる。太平洋戦争勃発直前の１９４０年、国が資金を集め

映画鑑賞の入場税について

＊古くは観覧税の名称で地方税であった
＊昭和 13（1938）年
　国税に移管され入場税になる。税率 **10%**
＊昭和 22（1947）年 4 月 **100%**
　続いて 12 月に **150%** に増税。
＊昭和 25（1950）年 3 月 **100%** に減税
＊昭和 28（1953）年 1 月 **50%** に減税
＊昭和 34（1959）年 8 月 金額により変動
＊昭和 50（1975）年 4 月 **1500 円以下無税**
＊昭和 60（1985）年 4 月 **2000 円以下無税**
＊平成元（1989）年**消費税導入にともない廃止**

昭和 23（1948）年の入場料内訳

封切館　**100 円**

映画鑑賞料	**入場税**
40 円	**60 円**

再映館　**50 円**

映画鑑賞料	**入場税**
20 円	**30 円**

るために、映画をはじめ、劇場、演芸場、競馬場、展覧会、遊園地等々、庶民のささやかな娯楽に重税をかけたのが始まりである。

販売できる入場券は、印刷した入場券の束を地方事務所の税務課に持参し、検印を押印したもののみである。課税金額は、月に一度、押印した入場券の数と翌月売れ残った数の差で決まる。つまり、最初に押印した数が少なく、残った券が多いと税金が安くなるわけである。

検印は役所にとっては手間のかかる作業なので、印だけ貸し出し、劇場の担当が押印作業をすることが多かった。

劇場担当者は、なんとか高い税金から逃れようと、いろいろ知恵を働かせる。長靴をはいていき、押印した後、入場券の枚数を数える前に長靴の中に隠したり、ダブダブの上着を着てポケットに入れるなどして押印した枚数をごまかしたりした。

もうひとつ、高い税金を逃れるための苦肉の策。テケツで販売した入場券を、モギリでもぎらずそのまま受け取り、またテケツで販売する「まわし」と呼ばれた方法だ。

時にはこんなこともあった。

突然、税務署の査察官が劇場に現れ、

「はい、そのまま立って」

とモギリの従業員を立たせ、もぎったチケットの半券を数え始める。事前にチケットを買う人数を影から数えていて、同じ数の半券が確かにあるかどうか調べる抜き打ちの査察だ。

もし、査察官がきた時もぎらないチケットがモギリの手元に残っていたら……

「あっ、来た！」

慌てて手元のもぎらないチケットを握り拳に隠す。

しかし、査察官も抜け目が無い。

「はい、立って」のあとに「手のひらを開けなさい」

となり……あえなく悪事はバレてしまう。

『マルサの女』という映画があったが、まさにあんな感じだ。

前述したように、この頃の映画フィルムはまだ作品毎に定価で買っていた。入場料が入っても、フィルム代や人件費などの経費に充てられるのは税金を引かれて残った金額だ。お客が少なければ、原価割れして大赤字になる。高い税金は、映画興行にとっては死活問題だった。

映画鑑賞の入場税は、徐々に税率こそ下がったが、平成元（1989）年の消費税導入まで50年余り続いた。

ハラハラドキドキ綱渡り上映 ～フィルム受け渡し～

吉劇のような再映館の場合、映画のフィルムは、直前に上映していた遠方の映画館から鉄道小荷物で送られてくる。現在のように時間正確に運行されていない時代のこと、現在の翌日必ず到着する宅配便から考えると、信じられないほどの悠長な物流手段であった。

確実にフィルムが届けられるかどうかを東京の配給会社や遠方の映画館に電話で確認をとる手はずなのだが、当時はまだ電話回線が充分に行き渡っていない。市外通話は電話局の交換手に相手先を知らせ、一旦電話を切り、相手先に繋がったところで電話局からしらせが来るというシステムだった。回線の混み具合によって直ぐには通じない。東京などは、朝のうちに通話予約をしてもつながるのは夕方ということも希ではなかった。

前の上映館が県外など遠方の場合は、こちらの上映日に間に合わなくなることもある。事前に貨物便の時刻表を調べ、間に合わなくなりそうな場合は、前の上映館まで映画フィルムを受け取りに行き、旅客列車を使って手運びした。

開業まもなくの夏。映画フィルムの受け渡しで忘れられない思い出がある。たまたま隣の市の「須坂電気館」からフィルムを借り、同じ日に同じフィルムで上映しなければならないことがあった。作品は、前篇・後篇の超大作、高峰三枝子と若原雅夫主演の「春の潮」。

映画のフィルムは、約10分間がひと巻きになっている。それを2台の映写機で交互に投影する。２本立てともなるとフィルムは20巻になる。

まずは須坂で上映を始め、映し終わったフィルム巻から自転車に乗せ、吉田に走る。吉田で上映が終わったらまた自転車で走り須坂に戻す。吉劇と須坂電気館はおよそ10キロ。競技用の自転車ならともかく、物販用のごつくて重い自転車である。どんなに頑張っても片道30分はかかる。

真夏の極暑の中、千曲川の土手沿いを走り、村山橋のたもとを通って、汗だくになりながら必死でペダルをこぐ。次の巻が遅れたら映画が途中で止まってしまう。なん

「春の潮」
昭和25（1950）年公開　松竹
監督：中村登
脚本：新藤兼人
出演：高峰三枝子　若原雅夫

としても間に合わせなければならない……。往復で１時間、１回に７本フィルムを運び、３往復休みなし。ドキドキハラハラ、サスペンス映画さながらの体力勝負の奮闘劇だった。

ところが、この奮闘劇は１度だけでは終わらなかった。

吉劇オープンから３年後の昭和28（１９５３）年３月、国鉄豊野駅前の70坪ほどの土地に建物廃材を集めて「豊野活動館」を建てた。土間に50〜60人ほどが座れる木製の長椅子を置いただけの粗末な映画館である。土曜・日曜と水曜の週３日の夜だけ上映した。

前述したように、吉劇では一週間に４作品の映画フィルムを買い付けていた。豊野活動館では、土日は吉劇で上映していない２作品を上映した。問題は水曜日である。吉劇と同じ作品の映画フィルムを使って上映することになっていた。この水曜日のフィルム掛け持ちは、須坂以上にドキドキハラハラである。

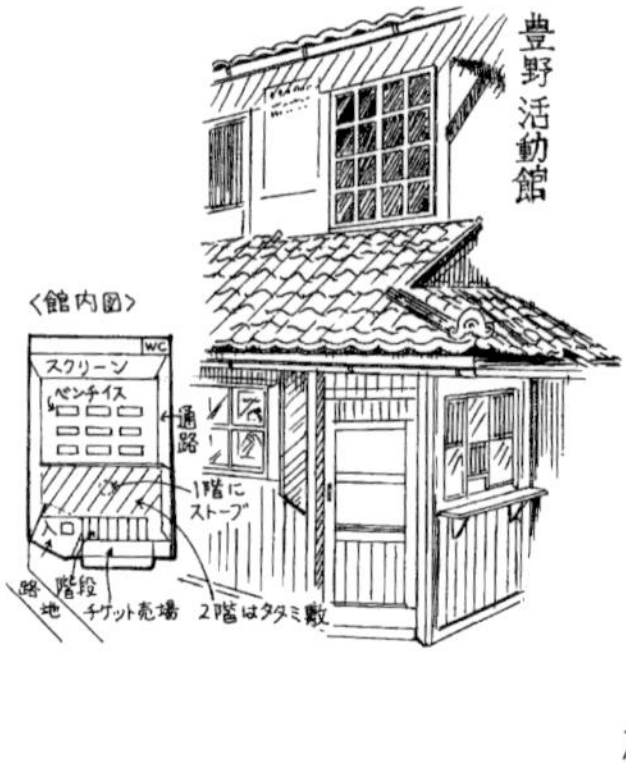

豊野活動館の様子（近藤弓子・画）
（長野郷土史研究会『長野』第248号より転載）

映画は2本立て。昼の部の2本目の上映が終わったと同時に、国鉄北長野駅から豊野駅まで汽車で運ぶ。吉劇で夜の部1本目を上映している間に、豊野では夜の部2本目を上映。豊野の前半が終わったところで、フィルムを汽車で吉田へ。豊野で上映した後半分は、バイクで吉田に運ぶ。逆に、吉劇で上映した1本目前半のフィルムをバイクで豊野へ……。

まさに、綱渡りでフィルムを移動させての興行であった。

市街地に進出～長野映画劇場誕生～

吉田と豊野の2つの映画館と巡回移動映画で5年のあいだ興行を続けてきたが、相変わらず苦労ばかりの自転車操業。何とか安定した収入を得たかった。市街地の映画館はいつも盛況。やはり、映画館は市街地でなければだめだ。

（この時の経験が、後に郊外型のシネコン全盛期にあえて市街地での展開に踏み出すことにつながったかもしれない）

昭和29（１９５４）年。かつて北海道から移住したときに蓄えていた山林を売り、平林街道沿いの田町に、三六八坪の土地を購入。繁華街の権堂町に近いわりには、個人商店や民家が道筋に並ぶだけで、周囲は田園風景だった。

購入した土地には、麦が植わっていたが、その年のお盆までには映画館を開業したかったので、まだ青かった麦を刈り取って工事をはじめた。

昭和30（１９５５）年8月「長野映画劇場」完成。邦洋画の再映館としてスタート。客席数３５０席。座席は長椅子ではない！　１人かけの連結椅子を導入したのだ。

劇場前には広大な広場があった。実は、劇場前を通る平林街道は、将来拡幅予定の都市計画道路に入っていたため、建物は道路から20メートル後退して建てなければならなかった。それで、図らずも広場ができてしまったのである。

これが幸いし、広い駐輪場や、混雑時にも入場する人を安全に並んでいただけるなどの効果があった。また、上映作品の看板がとても目立ったので、映画の絵を描いた看板はどんどん大きくなっていき、広告効果を引き上げた。

十五年後、道路が拡幅され長野と須坂を結ぶメインストリートとなった。現在（２０１７年）ピカデリーボウルの場所である。

長野映画劇場開館式
昭和 30 (1955) 年

劇場前広場に並ぶお客さん

映画館に窓がある？　～長野第二映画劇場誕生～

昭和32年、長野映画劇場の業績が順調に伸びてきたのを契機に、まだ空いていた隣の土地に長野第二映画劇場をオープンさせた。

二年後には、隣接した電電公社（現・ＮＴＴ）のテニスコートを購入して、第二劇場を倍の広さにした。今から思えば笑える話なのだが、この時に、客席に窓を作ったのである。

シアター両脇の廊下とシアターの境の壁に穴を開け、取り外し可能な戸板でふさぐ。開閉可能ないわば窓だ。満員の時には窓の戸板を外して、廊下の立ち見席からも映画が見られる。客の入りに合わせて、シアターを広げるという父のアイディアだ。これまでも突拍子もないことをやってきた父だったが、この時は恐れ入った。

もうひとつ、アベック（今でいうカップル）向けに、客席後方に2人がけのロマンスシートを設けた。劣悪な条件で映画を見て

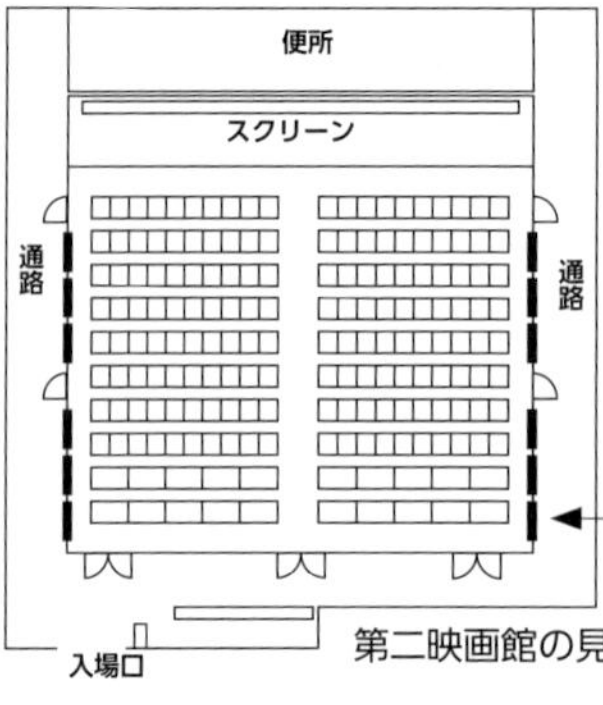

第二映画館の見取り図

混雑時には、この窓（戸板）を開けて通路を立ち見席にした。

いた時代に、なんとも洒落た……といいたいところだが、これには裏がある。

ふたりがけのシートは、混雑時には詰めていただき3人がけにしてもっと多くのお客さんを入れるのである。全席自由席の当時だからできた営業の知恵である。

長野第二映画開館
昭和 32 (1958) 年

長野第二映画館増築
昭和 34 (1960) 年

おしくらまんじゅう、煙モクモク　何でも自由の映画館

現在は、インターネットで上映時間の確認やチケットの購入までできるが、当時は新聞にさえ映画の上映時間は載せていなかった。何時から映画がはじまるかは、映画館に来るまでわからない。1回毎に入れ替えすることもなく、上映途中の入場も自由だったので、お客は映画館に来たら上映の途中でも入場し、一巡して見始めたところになると退場するというのが当たり前だった。

客席は全席自由。人数制限無し。立ち見も自由。

人気のある作品では、通路や客席後方にも詰めるだけ詰めて、さながらラッシュ時の満員電車状態。せっかくシアターの中に入れても、次々に入ってくる人からおしくらまんじゅうされるのは覚悟しなければならない。映画の途中でも、座っていたお客が帰るのを見つけると、立ち見客は争って席を奪い合う。座席に座ると膝が前の背もたれにつく狭さの中で、人の足をまたぎながらの移動、しかも上映中。

「明治天皇と日露大戦争」（昭和32年公開）など、定員300人

「明治天皇と日露大戦争」
昭和32（1957）年公開　新東宝
監督：渡辺邦男
出演：嵐寛寿郎

のところ、５００人以上も詰め込む日が続いたこともあった。映画の途中でも出る人と入る人が入り交じり、体の小さな子どもや女性はケガをしそうになる場面もしばしばあった。※2

喫煙も自由。上映中にタバコを吸う人が多く、タバコの煙に映写室から投影される光があたる光景は思い出すたびに懐かしい。

スチーム暖房

この頃の暖房はスチーム暖房だった。映画館の壁際に鉄の管が縦にとぐろを巻いたようなラジエーター式の暖房機があったことをご記憶の方もいるだろう。重油を炊いたボイラーで水を沸騰させ、その蒸気が圧力でパイプを通り館内のラジエーターを温める仕組みだ。学校や病院もこのスチーム暖房を使っていたが、これが時々鉄をたたいたような「カーン、カーン」と大きな音を立てる。スチーム・ハンマーと呼ばれた。循環している蒸気は急激に冷えると水になってしまう。その水を抜かずにパイプに残っていると、押し出された蒸気の圧力で水が鉄の壁にぶつかって、ハンマーでたたいたような音がするのだ。西部劇の銃撃シーンならともかく、

※2　この危険な状態を回避するために、映画館が完全入れ替え制になったのは、２００１年「千と千尋の神隠し」あたりからのこと。

ラブロマンスの盛り上がりの真っ最中にいきなりこの音がでると、まったく興ざめである。

スチーム暖房でちょっと得する席もあった。熱を発するラジエーターはおおよそ場内の左右の壁に設置されている。これをつなぐためのパイプが、客席のいくつかの列の下を通っている。寒い冬の時など、運良くこの座席に座ると、お尻も足下もポカポカのスペシャルシートで快適に映画が観られるというわけだ。

映画のお供に……

さて、今は映画といえば、広いカウンターでカップに山盛りに入ったポップコーンとコーラ、小腹が空いていたら、ホカホカのホットドッグなどが定番である。

昭和30年代の映画館は、モギリの横の棚に商品を並べただけの小さな売店で細々と販売していた。

いわゆる袋物といわれる、菓子パン・キャラメル・チョコレート・ガム・ピーナッツなどのスナック。飲み物は、牛乳・サイダー・ジュースなどだった。夏は、保温瓶（冷凍庫はなかった）

に入れたホームランバーが人気だった。

細々とはいえ、映画以外の収入として、この飲食は大切な収入源だった。なんとか利益を上げるために、色々工夫したことは今でも忘れられない。

例えばピーナッツ。一斗缶（18リットル容量の四角い金属缶）で仕入れ、手作業で小分けする。小分けされた商品を仕入れるより、一袋あたりの仕入れ値が格段に安くなるのである。小分けの方法は、筒状の長いビニールに、升で計ったピーナッツ豆を入れ、コテのようなアイロンの熱で次々と封じては、またピーナッツを入れる。ソーセージの作り方と同じである。それを切り離して小分け袋にする。簡単な作業なので、まだ小学校にも上がらない私の子どもたちも面白がって手伝った。

人気があったのが菓子パン。コンビニなどがない時代、映画を見に来る学生たちにとっては、いささか高嶺の花だったが、映画館で食べるパンはちょっと特別な感じがした。コッペパンにホイップ紛《まが》いの牛乳クリームを挟んだ「サンドパン」は、ヒーターの上でちょっと温めて、クリームが溶け出した頃食べるとすこぶるおいしい。クリームにコーヒー味をつけた「コーヒーパン」もご馳走だった。

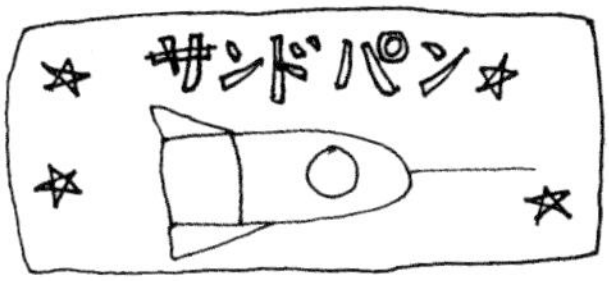

販売する商品も工夫した。最初はガムを販売していたが、マナーの悪いお客は、噛んだガムを床に吐き出す。床にこびりついたガムは、剥がすのが大変。そこで、口の中で溶ける清涼菓子「カルミン」[※3]に切り替えた。

余談だが、この「カルミン」は、炭酸カルシウムが配合された白色のミント味ということで「カルミン」と名付けられたようだ。50年以上たった最近までコンビニなどでも売られていた。それを目にする度、懐かしさが湧いたものだが、2015年3月惜しくも販売中止となってしまった。

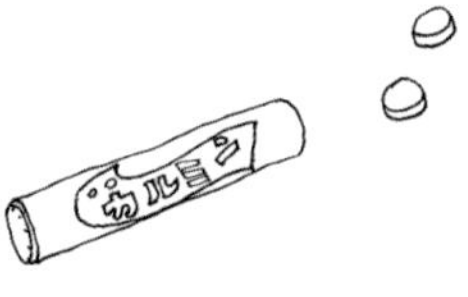

※3　シネコンになった現在、ロビーの自動販売機では、この名残りのように、「メントス」というチューイング・キャンディが売られている。

フィルム調達とゴルフ三昧

我々の映画興行も、「吉田映画劇場」「豊野活動館」「巡回興行部」「長野映画劇場」「長野第二映画劇場」と広がったので、個人営業を法人化し、昭和32年8月14日「有限会社 長野映画劇場」を設立した。

映画興行事業が拡大するに従い、フィルムの調達も大変になる。

今まで毎月、父に同行し、各配給会社を相手に、上映番組の選定と映画料契約の交渉に当たっていたが、昭和35年頃からはひとりで動くようになった。配給されるフィルムの本数には限度があり、他の映画館との調整や取り合いもあった。また、２本立ての上映作品の組み合わせによっても興行成績が左右されるため、上映可能な期間の中から相性のよい映画をそろえるのには困難を極めた。

フィルム調達の東京出張は概ね3日間ほど。番組編成交渉の他に、試写会や、夜は配給会社のセールスや同業者との情報交換など、飲食を伴う付き合いも多かった。このような付き合いをしておかなければ、いいフィルムを提供してもらえない。当時、配給と興行者（映画館）の関係は、売り手市場である。配給のセールスが首を縦に振らなければフィルムは手に入らない。当時私は30歳。業界ではまだまだ若造である。セールスのご機嫌を取るために、いろいろ手を回す興行者もいたが、私はその慣習には、なかなか馴染めなかった。

そこで、始めたのがゴルフ。配給のセールスはおおむねゴルフが好きである。長野は、早くからゴルフ場の開発が進められていたため、仕事ついでにゴルフというのはセールスには楽しみのひとつだった。一緒にゴルフをすれば、セールスと親密になり交渉もやりやすくなる。

山仕事で鍛えたので腕力だけは自信があったので、とにかくゴルフ道具を買いそろえ、見よう見まねでセールスと一緒にグリーンを回った。いつの間にか、すっかりゴルフにはまり、道具を新調するたびに、財布を握っていた妻に大目玉をくらったりしたが、これだけはやめられなかった。85歳を超えた今でも、力任せのゴルフで200ヤードは飛ばす自信はある！

映画館の大看板

映画の宣伝も、吉田映画劇場時代から比べると少し進化した。ここは中心市街地にも近いので、街を歩く人も多い。大作の時には、中央通り、昭和通り、柳町通りなどの電柱に宣伝ビラを貼ったりもした。

映画館の前の大看板は、自作ではなく看板職人を頼むことが出来るようになった。ベニヤ板に看板職人が下書

手描きの看板は映画館の〝顔〟

きもせずに迫力ある看板を数時間でイッキに描き上げる。まさに、職人技。２週間程度で外してしまうには惜しいほどのできばえである。今、看板職人は減ってしまったようだが、この技は是非次世代につなげていってほしいと思う。

　前述したように、長野映画劇場には前庭があった。そこに大きなショーウィンドウがあり、映画配給会社から支給された上映中作品の印象的なシーンの写真を貼り出していた。現在でいうところの、インターネット映画情報サイトのようなもので、一連の写真を見せて入場を誘うのである。

　新聞を使っての宣伝もはじめた。信濃毎日新聞の夕刊やタブロイド判の折り込みだ。

　劇場独自の『長野映画ニュース』も毎月発刊した。ここに周辺の商店から広告を募り印刷費をまかなった。原

長野映画ニュース
No. 187
お正月映画の決定版！
15日～20日迄
豪華封切3本立！
☆奇想天外の面白さ！
☆新春随一の初笑い拘腹絶倒傑作喜劇
新東宝スコープ
東海道弥次喜多珍道中
監督・近江俊郎
由利徹・南利明の爆笑コンビ
☆天下の剣豪総登場！
絶対面白い
歌う銀座三羽鳥
【東海道・弥次喜多珍道中】の一場面
新東宝スコープ
海豹の王
監督 三輪彰
☆海の掟に命を賭けた地獄生れの快男児！
☆息もつかせず手に汗握る
15日～20日 上映時間 ① 10.35 ② 1.30 ③ 5.50 終 10.10
☆雪村いずみが歌と名演技で主演する青春ジャズ映画！

時計と眼鏡は 鈴木貴金属店 八十二銀行本店前 TEL 2748
酒と魚の御用は 魚よし商店 柳町通り TEL 2275
☆激情と欲望をえぐる異色の青春篇！
新東宝スコープ
危険な誘惑
☆鋭いタッチで暴いた現代の生態！
☆恐るべき十代が告白するデイトの法則！
―女はそれを待っている―
21日～26日封切
3本立上映時間 ① 10.35 ② 1.30 ③ 5.50 終 10.00
【O線の女狼群】の一場面
☆新東宝が社会に問う問題作
新東宝スコープ
O線の女狼群
☆肉体を賭けて挑戦するセミドキュメンタリー巨篇！
高田浩吉の
浅間の佐太郎
☆新東宝の黄金時代劇！
☆唄と剣、浩吉やくざ魅力篇！
環境静かで安心して泊れる御宿 家庭的サービス・浴室完備
北信不動産商会
中沢電設工業
プロパンガス
中島の強化パン
丸勝牛肉店
ヤクルト
みかど新会 柳町通り TEL 6122
岡村製菓所
蔦の園 香り高いうまいお茶

手作りの広報紙も発行

稿作成は自前である。タイトルやキャッチフレーズ、シーンの写真や紹介文、どうしたら目にとまるか、読んでもらえるかを工夫してレイアウトする。これは私のお気に入りの仕事であった。

映画館が、「町の活性化とコミュニティづくり」の要になる

吉劇後援会

吉田映画劇場（吉劇）では、商店で吉劇を後援する会「吉劇後援会」が組織されていた。吉田から若槻や古里・朝陽・三輪までのたばこ屋から八百屋、雑貨屋、お菓子屋、食堂にいたるまで後援会に加盟している店は、吉劇が毎月提供する映画割引券を顧客サービスに利用していた。毎年後援会加盟店が集まり温泉旅行などの親睦会も開かれた。これだけの広範囲の商店が集まって親睦を深めることは希で、吉劇は商店の活性化のみならず、市内北部のコミュニティづくりに役割を果たしていたと思う。

後日談だが、吉劇が閉館してから20年余り経ったころ、吉田で「東陽会」という商店会が結成された。私は、すでに吉田には住んでもいなかったが、「吉劇後援会」のつながりを覚えていた町の方から誘われ現在に至るまで毎月の例会に参加している。

長野映画後援会

長野映画劇場でも「長野映画後援会」を発足した。近所の「魚よし」の近藤さんを代表として、劇場がある田町はもとより、隣接する西鶴賀・東鶴賀などの商店に呼びかけ、五十店ほどの会員組織になった。会員店舗には映画館の上映番組表の印刷した優待券を毎月百枚配布し、会員店舗では顧客にサービスとして割引券を進呈していた。ここでも、会員相互の親睦として毎年近くの温泉へ親睦会のバス旅行を開催した。田町にはそれまで商店会はなく、この後援会をきっかけに「柳町通り商栄会」が発足した。

このように、映画館は単に映画を観る場所だけではなく、町の活性化やコミュニティづくりのきっかけとなった時代である。

映画館が地方文化を育て、発信地となる

無声活動写真会

1920年代まであった活動弁士による無声映画（サイレント映画）を再現する『昔懐かし活動写真会』を開催した。活動弁士の第一人者である松田春翠さんを招き、

初回は、昭和37（1962）年
片岡千恵蔵主演の『番場の忠太郎　瞼の母』
入江たか子主演の『瀧の白糸』

2回目は、3年後の昭和40（1965）年、チャップリンの『キッド』を上映した。

もともと日本には人形浄瑠璃の義太夫や歌舞伎の出語りなど、ストーリーをセリフや効果音を入れて語る話芸文化が発達していたため、活動弁士付きの興行は、

「番場の忠太郎 瞼の母」
昭和16（1931）年　日活
監督：稲垣浩
出演：片岡千恵蔵・山田五十鈴
渡世人の忠太郎が幼い頃生き別れとなった母との再会と別れを切なくつづる人情劇。

「瀧の白糸」
昭和18（1933）年　振興キネマ
監督：溝口健二
原作：泉鏡花
出演者：入江たか子　岡田時彦
司法を目指す苦学生を支える女水芸人との恋愛悲劇。

欧米にはない日本特有の演芸として賞賛されていた。トーキー映画になり、活弁士による映画上映を見る機会が少なくなってしまったが、日本の誇るべき文化である。それを、長野で上映しようと企画したのだ。

　できるだけ多くの人に見てもらいたいと考え、自家用車にマイクとスピーカーを積み込み、市内くまなく呼びかけた。

　上映の合間の休憩時間には、無声映画時代の雰囲気をつくるために、女子従業員が絣の着物に赤たすき姿で

「おせんにキャラメル……」

と、かけ声をかけながら場内をまわり飲み物や食べ物を売り歩いた。

　映画興行は、単なる娯楽の金儲け手段ではなく、文化振興の一端を担うものであるという信念が強く根付いた企画であった。

「キッド」

大正10（1921）年
監督：チャールズ・チャップリン
出演：チャールズ・チャップリン
　　　ジャッキー・クーガン

ふとしたことで捨て子を拾って育てるハメになった浮浪者チャーリーが、やがて強く深い愛で結ばれるまでを笑いと涙で描いたヒューマンヒストリー。

優秀映画同好会

外国映画専門館の千石劇場では映画ファンを募って「千石クラブ」と銘打ち、「映画音楽の夕」を毎年夏に開催していた。

昭和40（1965）年、長野ピカデリー劇場（旧長野第二映画劇場）でも映画ファンの要望で「優秀映画同好会」を結成。あまり映画館では公開されない芸術映画のATG（アート・シアター・ギルド）作品を中心に選び、年6回、夜1回だけ上映する例会活動を始めた。

記念すべき第1回はフランソワ・トリュフォー監督によるフランス映画「突然炎のごとく」。272名が参加した。この例会によって、地方では殆ど鑑賞することの出来ない名画を観ることができ年々会員数は増加していった。

「優秀映画同好会」の立ち上げに尽力されたのは、無類の映画好きであった当時信州大学教育学部の黒柳秀夫先生。トレードマークは黒の立て襟上着と丸めがね。大変丁寧にお話される先生だった。そして、長野高校の名物英語教師の酒井真人先生。この

「突然炎のごとく」
昭和39（1964）年
監督：フランソワ・トリュフォー
出演：ジャンヌ・モロー
　　　オスカー・ウェルナー
自由な愛を謳歌する男女3人の三角関係を描くフランス映画。

先生には、終戦時の旧制長野中学で私も英語を習っている。授業中に映画の話で盛り上げてくれたのは今でも覚えている。まさか、こんな形で先生と再会するとは……不思議なご縁である。会の運営には当時郵政省職員の田中英紀さん、デザインスタジオ・ブレーンの日下由多加さんら若手も参加してくれ、長野の映画文化を大いに高めることとなった。

これらの活動は、全国の映画館で愛読されていた業界誌『時事通信・映画版』で取り上げられ、「ATG方式の地方版を狙った組織」「特徴は観客と血の通った組織」など画期的な上映活動として高い評価を受けた。

当時若手だった日下さんが、後に、映画季刊誌『ワンダーシネマ』を発刊。2005年頃まで通巻55号を数えた。映画の専門雑誌は『キネマ旬報』『スクリーン』など、全国シェアの大手が発刊するものと思っていたが、地方都市長野において独自の観点で映画専門雑誌を発行しようと尽力した日下氏の映画好きには頭が下がる思いだ。

優秀映画同好会のメンバー

「優秀映画同好会」は、映画好きの人が、自分たちで自主上映を企画し、それに応えて多くの市民が参加した活動だった。人の繋がりの強い時代があったとつくづくと思う。こうした活動が現在はなかなか見られないのが残念だ。

■香り高い世界の名画を会員の手で鑑賞する集い

優秀映画同好会　会員募集

この会は芸術映画を愛し、育成していこうとする皆様の集りです。

芸術的純度の高い映画を鑑賞し、理解することによりお互いの生活を豊かにしてゆくことをその目的として、優秀映画同好会を発促いたしました。

明日をになう映画ファンはもとより、なつかしの名画ファンのかたがたまで、広く皆さまがたから必ずご満足いただけるものと確信する「優秀映画同好会」に、あなたも今すぐお友だちをお誘いの上、ご入会下さい。

セルゲイ・M・エイゼンシュテイン監督作品
イワン雷帝

マルセル・カルネ監督作品
天井桟敷の人々

1. 名　称…私たちの集りは「優秀映画同好会」と呼びます
2. 事務局…事務局及連絡所を設け、当分の間、長野ピカデリーにします。
3. 例　会…会員の希望（アンケートによる）により作品を選し、年６回以上開催する。例会は当分の間長野ピカデリーで行います。尚作品によって、他の映画館でも行います。
4. 定　員…会員は300名を定員と致します。定員に足した場合は入会をメ切ります。
5. 会　費…１例会に付200円を例会日５日前に連絡所へ払込んでいただきます。
6. 入　会…入会申込は事務局・連絡所で欠員のある場合のみいつでも受付けます。会員であっても例会日５日前に会費納入ない場合は資格を失います。したがって、数回分前納をおす・めします。（前納会員優先）

…ん。
…ん。
…ン雷帝」の予定
…例会の際、会員のアンケートによって選定します

第一回例会

日時・40 6月24日（木）
夜６時10分開場
６時30分開会
（終了・８時40分）
会場・長野ピカデリー
ＴＥＬ②2802

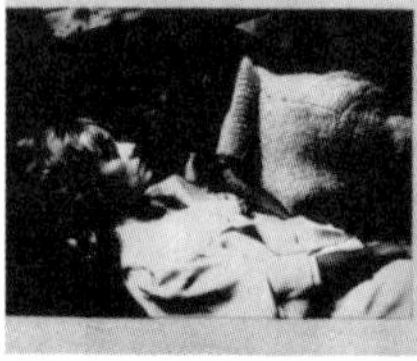

愛、それは暖かい人間のきづな
愛、それは激しい苦悩と衝動
愛、そしてそれは、空しい祈り…

64' ＮＨＫベストテン第一位
〃 キネマ旬報ベストテン第二位
〃 スクリーンベストテン第一位
フランス・アカデミー賞受賞
（作品・監督・主演女優賞）

突然炎のごとく

フランソア・トリュフォー監督作品　ジャンヌ・モロー主演

■解　説

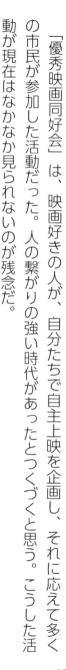

映画を「娯楽」から「文化」へ

もともと、観客を増やす策として考えた文化団体や企業、学校とのつながりが、長野の映画館を単なる娯楽から文化の場に押し上げるきっかけになったと思う。

音楽文化団体

アプローチした団体は、長野音楽文化協会（音協）、勤労者音楽協議会（労音）、民主音楽協会（民音）。これらの団体は、その名のとおり音楽文化を広め愛好する集まりである。もともと文化に対する興味は高い。各団体の機関誌に広告を出したり、会員に前売り券を販売してもらうなど、それぞれの団体を窓口にして映画への関心を高めていった。それぞれの団体の事務所に頻繁に通ったので、職員の皆さんとはすっかり仲良くなり、団体が開催する音楽会もよく聴きに行った。

昭和37（1962）年頃、労音が長野市民会館で歌手の宮城まりこさんを招いて音楽会を企画した。プログラムのひとつに「サウンド・オブ・ミュージック」があり、そこに出演するトラップ家の子どもたち役をさがしていた。私には当時、小学校2年・1年・保育

園の3人娘がいたので、出演させることにした。宮城さんのリードで「ドレミの歌」を歌うシーンである。末っ子は、とにかく元気が良く、顔いっぱいに大きく口を開けて体を大きく揺らせながら歌っている。観客は、おかしいやら、ほほえましいやらで拍手喝采。仕事漬けで普段子どもをかまう余裕もなかった私だったが、この時ばかりは三人娘の晴れの舞台をカメラに収めようと親ばかになっていた。

このことがきっかけかどうか、長女は音楽へ、次女は映画興行へ、三女は演出へ、それぞれの道を歩み今に至っている。

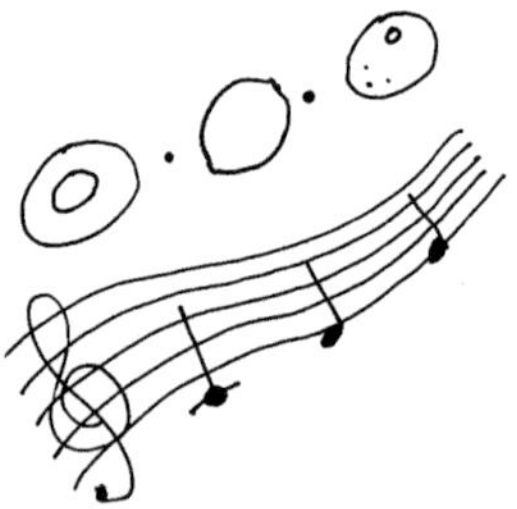

学校鑑賞

巡回映画をしていたころ、家族や子どもをテーマにした作品や文部省推薦映画を選び、小中学校の体育館で上映会を開いていた。体育館での鑑賞会は、全校生徒が一緒に観るため、まだ映画がわからない低学年の子どもたちは、立ち上がったり騒い

ステージで「ドレミの歌」を歌う子どもたち

だり、落ち着いて観ていられない。

そんなこともあり、吉劇では、近隣の小学校高学年・中学生を劇場に招き、視聴覚教育の一環として映画鑑賞会を毎年開いていた。市街地の封切り館ではできなかったことである。

長野映画劇場でも、この活動を行った。文部省推薦映画のポスターと割引券をもって近隣の学校を回る。視聴覚教育担当の先生に映画の内容を話し、是非子どもたちに観てほしいと説いて回るのである。先生方には無料パスを渡し、自由にいつでも映画を観ていただき、理解を深めてもらう。時には、視聴覚教育の授業として、映画館を貸し切りにして年１回ほど鑑賞会も開いた。

その頃の子どもたちは、今、40〜60代ぐらいになっているだろうか。「午前十時の映画祭」[※4]のファン層である。60年代・70年代の映画を目を輝かせながら見ている観客の心は中学生に戻っているのかも

※４
『午前十時の映画祭』
一般社団法人 映画演劇文化協会の主催で２０１０年より毎年開催。年間通して、過去の名作を毎朝10時から上映。過去の名作を映画館の大きなスクリーンで見られると、新旧の映画ファンには好評である。当初３年間は、ニュープリントのフィルムで上映された。全国の上映館のデジタル化に伴い２０１４年からはデジタル上映になった。２０１７年現在、映画祭は８年続いている。

しれない。

これらの活動は、単なる娯楽としての映画だけでなく、社会や教育を考えた映画を提供することの意義が常に頭にあったから出来たことだと思う。

「ニューシネマパラダイス」の一族

「吉田映画劇場」開業から12年。

昭和37（１９６２）年、映画興行を田町の「長野映画劇場」「長野第二映画劇場」に絞り、吉田と豊野を閉鎖した。

家族一同で映画館の仕事をこなしていたため、先代夫妻、私を含めた４人の兄弟とその家族、五世帯17人。映画館の建物の空いた空間を利用して居室を作り世帯ごとに暮らしていた。それぞれ別に家を持てばよさそうなものだが、「職住一体」が父の方針で、住宅を外に持つことは一切許されなかった。

映写室の横、階段の下、屋根裏など、建物で空いているスペー

「ニューシネマパラダイス」の一族

スがあればどこでも部屋にした。吉劇や豊野活動館を壊したときの廃材を使って間仕切り、一応プライバシーは保てるようには工夫したようだが、建物の中はまるで迷路である。

建築基準法など何のその。消防の査察が入るときは、部屋の入り口の扉や屋根裏に登る梯子を隠した。まだ幼かった子どもたちには「誰に何を聞かれても、部屋があることを絶対言ってはいけないよ」と教え込んだものだ。

トイレは共同。風呂は急ごしらえの五右衛門風呂が一つ。しかも、建物に引き込まれた電線から針金をつなぎ、電熱棒にして、浴槽の水に差し込みお湯をわかすのである。今から思えば、なぜ感電しなかったか不思議だ。

寝室奥には、部屋に不釣り合いな扉があった。この扉を開けると狭い物置になっていて、奥には一枚引き戸の窓があり、それを開けると映画館の客席上。子どもたちの姿が見当たらない時、ここを探すとだいたい窓を細く開けて映画を見ていた。映画を見るには特等席だ。子どもたちも心得ていたもので、この物置観覧席にいる時は、劇場の客席に筒抜けになるから、決しておしゃべりはしないし、光が漏れないように扉と窓の開け閉めには細心の注意を払う。時々は、子どもに見せたくない映画だってある。「見てはダメ」と諭すが、ダメというほど子どもたちは興味を示してしまい、これには参った。

映画館を覗ける場所はこの他にも、映写室の監視用の窓がある。子どもの背丈では覗けないので、テーブルを持ち込み、そこに座って見ていたりもした。まさに、「ニューシネマパラダイス」のトトである。それにしても、まだ文字もろくに読めない子どもたちが、字幕の洋画を見て面白かったのだろうか。

長野映画劇場前の広場（昭和 39 年）

我が家の子どもたち（3 人姉妹）

妹・妻・義母（左より）

映画館前の広場は、子どもたちの運動場だった。コンクリート製の貯水槽をプール替わりにしたり、自転車に乗れるようになったのも、この広場だった。

広場から続く長野映画の建物脇には、上映が終わった作品の看板や、チラシやチケットを刷った時の凸版などの保管場になっていた。ここも子どもたちの絶好の遊び場。凸版の金属板で版画のまねごとをしたり、看板の廃材でアジトを作ったり、垂木で舟を工作したり……遊び道具には事欠かなかった。

子どもたちが少し大きくなると、さすがに五右衛門風呂では足りず、廃材保管場の奥に薪炊き風呂をこしらえた。風呂焚きに看板の廃材を使うには便利な場所であった。

風呂場の囲い壁も廃材で作った。風呂場の内側壁は「クレオパトラ」の看板。湯船に浸かると、巨大なエリザベス・テーラーの顔が目の前にドーンと見える！　子どもたちの間では、クレオパトラの目や鼻めがけ手のひら水鉄砲で水をかける遊びが流行っていたようだ。

朝起きてから寝るまで映画館で暮らしたシネマパラダイス一族のカタツムリ生活は10年近く続いた。

封切り映画館参入への挑戦

長野映画劇場は再映館であったため、邦画の封切り映画の配給を受けることができなかった。洋画は、邦画ほどその縛りはなかったが、市内には、洋画の封切り専門館が2つ（千石劇場と長野パレス劇場）あったため、やはり封切りは難しい。

そこで、あの手この手を駆使して、封切り映画を手に入れる策を凝らした。

〈その1〉　社会派映画作品を封切る

当初から、封切り映画をかけることができたのは、社会派作品。つまり、通常の配給ルートにはのらず、かつ他の封切り映画館が上映したがらない作品である。

苛酷な労働生活の中でもたくましく生きる農村女性の生活を描いた「荷車の歌」や、凶刃に倒れた労農党の代議士山本宣治を描いた「武器なき斗い」などがあった。

「荷車の歌」
昭和34（1959）年公開　新東宝
監督：山本薩夫
出演：三國連太郎　望月優子
　岸輝子　左幸子
全国320万人 農村婦人部の10円カンパによる3200万円を元に製作。山奥の村でたくましく生きた明治女の一代記。

娯楽作品と違い、たくさん客がはいる作品ではないが、こうした社会問題を映画として提供することも映画館として意義のあることと考え、積極的に取り入れていた。

〈その２〉　映画会社の組織変更のタイミングで参入

昭和30（１９５５）年、元活動弁士で、歌手・近江俊郎の実兄として知られる東京の大手映画興行主・大蔵貢が、不振が続いていた新東宝を事実上買収する。この体制が変わったのをチャンスに、長野映画劇場は、新東宝の封切り館として参入。

昭和33（１９５８）年に、近江俊郎が監督した「続日本珍道中・東日本の巻」のロケで長野を訪れた。その時、高島忠夫と坊屋三郎を連れて劇場に立ち寄り、私の父の柳家金語楼に似た風貌をみて何を思ったのか、善光寺の撮影に父を登場させた。

そんなエピソードや初めて封切り館として認められたこととも相まって、新東宝への親近感が強くなった。まもなく新東宝は

「武器なき斗い」
昭和35（1960）年公開　大東映画
監督：山本薩夫
出演：下元勉　渡辺美佐子
関西を中心とした労組の呼びかけで、山本宣治没後30周年を記念する映画として関西在住の３０００人が発起人となり実行委員会を結成。７００万円のカンパを募り製作された。

倒産するが、このつながりは新東宝の社長を退いた大蔵さんが設立した大蔵映画へと引き継がれた。

昭和35年、東映では時代劇映画の製作を増やし第二東映が発足した。これも封切り館新規参入のチャンスであった。新しい映画会社は、配給ルートが少ない。そこが狙い目なのである。

しかし、第二東映の封切館になったものの、第二東映作品の配給は毎週1本だけ。当時は2本立て上映だったので、もう1本は東映直営の長野東映とフィルムを掛け持ちしなければならなくなった。しかも、第二東映の作品は粗製乱造のため客の入りが悪く3年足らずで東映に吸収されてしまった。

〈その3〉　70ミリ映写機の導入で封切り作品を

アメリカで流行していた70ミリ映画が日本に入り話題になっていた。映画館で上映するフィルムは通常35ミリなので、単純に画質は倍になる。しかも、音響はそれまでの4・0chから5・1chになり、臨場感と迫力で、新しい映画の世界が開かれたといっても過言ではない。しかし、70ミリ映画を上映するには、レンズやフィルムリールなど、新しい機材が必要となる。

「これからは自己の力で生きていく時代だ」終戦直後から父の考えは、ここでもブレていなかった。移動映画を始めたとき、故障が続出した中古映写機から直ぐに最新機器に買い換えたように、郊外の吉田から街中に進出したように、常に先にと進み続けるのがわが家の家風である。

長野第二劇場は、昭和34（1959）年、長野県下で初めて70ミリ映写設備を導入した。

最初に上映したのは、旧約聖書を題材にした大作映画「ソロモンとシバの女王」。

新しい事を始める時は、最初が肝心である。とにかく話題になるように、前売券は、普通の倍以上の大きさに銀色で印刷して発売した。これが評判になり興行も大成功であった。

昭和39年8月にはエリザベス・テイラー、リチャード・バートン主演の「クレオパトラ」があった。「クレオパトラ」は、現貨換算で3億ドル以上（300億円）の製作費を投入したこともあり、歩合で入場料

「ソロモンとシバの女王」
昭和34（1959）年公開
ユナイテッド
監督：キング・ヴィダー
出演：ユル・ブリンナー
ジーナ・ロロブリジーダ

70％のフィルム代、上映回数など、本国アメリカの20世紀ＦＯＸからの厳しい配給条件があった。当時、地方の映画館では到底受け入れられる条件ではない。しかし、長野第二映画劇場は、全国の地方都市で最初に手を上げた。

配給会社から、「絶対成功させなければならない」という使命を受けた宣伝部員が長野に派遣され、一緒に営業に回った。客席の大半を座席指定にして前売券を作り、長野市周辺の企業を訪問してチケットを売りさばいたのである。その効果もあり、大ヒットとなった。

長野のヒットがきっかけになって「クレオパトラ」は、各地方の映画館で上映されるようになった。

同年、「北京の55日」（昭和39年公開）、続いてオードリー・ヘップバーンの「マイ・フェア・レディ」（昭和40年公開）、ジュリー・アンドリュースの「サウンド・オブ・ミュージック」（昭和40年公開）、と次々に70ミリ映画を封切公開した。

ここから、本格的に洋画封切館として名実ともにスタートした。

「クレオパトラ」
昭和38（1963）年公開
20世紀ＦＯＸ
監督：ジョーゼフ・L・マンキーウィッツ
出演：エリザベス・テイラー
レックス・ハリソン
リチャード・バートン

70 ミリ映画「北京の 55 日」の上映の際には映画館の前面を
絵看板で埋め尽くし話題となった。

と、ここまで書くと、映画興行は順風満帆のように思えてくるが……このころすでに、映画興行は斜陽の坂を真っ逆さまに転げ落ちていたのである。

じり貧の中で

テレビが家庭に普及してきたことと、映画館の乱立で、昭和34年以降、全国的に映画館の観客数は年々激減し、30年代後半にはどこの映画館もガラガラ、閑散とした状態だった。長野市の再映館も次々と閉館に追い込まれていた。従業員を雇って運営している会社組織ならば採算が取れずに営業をあきらめるところだが、我々は、ほぼ家族経営だったので、人件費をできる限り削減し、なんとか営業を続けられた。

給料は、小遣い程度。「職住一体」だったので一族五世帯十七人、食事は大家族で分け合った。勤務時間の制限はなしに等しく、朝から晩まで、休む間もなく働き続けた。子どもたちの面倒は、手が空いた者がまとめて見て、家事も仕事の合間を縫ってかたづけた。

私の妻が経理を担当し、財政のやりくりをしていた。月末の支払日になっても映画料や諸経費の資金繰りができない事もしばしばあり、相当綱渡りをした。

映画興行の収入、つまりチケット代は現金で入る。その現金だけでは経費の支払額に足りないので、売上の様子を見ながら、翌日払えそうな分だけ先付け小切手で支払う。小切手の換金には時間差があるので、その間に銀行にお金が貯まるよう調整しやりくりするのだ。収入が安定している商売ならば、そんなに気を遣わないのだが、とにかくじり貧である。財政は火の車・自転車操業。

それでも何とかやってこられたのは、取引銀行だった日本相互銀行があったからだ。当時の長野支店長・竹花さんが、親身になって助けてくれた。まさに銀行と事業者、相互の信頼関係があったからこそ、生き残れたのだと思う。

ちなみに、竹花支店長との関係は、その後も続き、二度目の妻を亡くした父に後妻を紹介したり、次章で紹介する新たな事業にも大きく貢献してくださった。竹花さんは、銀行を退職後、長野駅前にあった丸善百貨店が、ながの東急百貨店になった時の初代社長に就任された。

第４章　映画の衰退……その時なにをしたか

中心街へ進出……初めての入札

ピカデリー劇場は洋画の封切館とはなったものの、長野駅前や権堂の中心街からは少し外れていた。中心街の映画館に比べて集客力が劣るので、邦画の映画配給会社は大作の配給を渋る傾向にあった。同じ商圏内の映画館に同じ作品を同時に配給することはないので、当然、集客が見込める方を優先するのである。

なんとか中心市街地へ進出できないかと思案していた時、権堂地区で県の研修寮の建物がある約２５０坪の土地の払い下げ情報を聞きつけた。一応、周辺の土地相場などを研究して入札価格を考えたのだが、自己資金はゼロに等しい。父は、一か八か入札に参加すると言い出した。私も入札に同行した。

生まれて初めての入札体験。この一枚の紙に、これからの事業の運命がかかっているのだと思うと、入札金額を書いた封筒を持つ手が汗ばんでくる。他の人はいくらぐらいで出すんだろう。ダメで元々。まかり間違って落札できても、資金の目処はないし……いろいろなことが頭をよぎる。ところが、あっさり、

ダントツで落札できた。入札金額は2500万円。さて、弱ったな。資金もないのにどうする？

手を差し伸べてくれたのが、前述した当時日本相互銀行（現・三井住友銀行）長野支店の竹花支店長。かねてより竹花支店長は、父に厚い信頼を寄せてくれていた。たぶん、裏表がなく、ここぞと思ったら正面からぶつかる父の気風《きっぷ》に惚れ込んでくれていたのだろう。入札資金2500万円、日本相互銀行がそっくり貸してくれた。

踏み切り横のお化け屋敷

手に入れた土地は、中心街の権堂といっても、メインの通りからは長野電鉄の線路を渡らなければならない。しかも敷地は線路沿いで角には踏切があり、前面の道路は車一台通るのがやっとの細道である。周囲はブロック塀で囲われ、門を入ると、うっそうとした大木が数本立ちふさがり、その奥に暗くお化け屋敷のような2階建ての研修寮の建物が残っていた。ホラー映画のロケに使うなら打って付けの雰囲気である。

妻を連れて土地を見に行った時のこと。

「本当に、ここでやるんですか？」

お化け屋敷のような県の研修寮
この場所にグランド劇場建築

あまりの不気味さに妻が驚いた。

「もう、看板が立ってるよ」

電車から見えるように大きな文字で看板が立てられていた。

映画斜陽期になぜ新しい映画館を？

昭和39（1964）年の東京オリンピックを契機に、すでにカラーテレビが普及し、映画興行は斜陽産業になっていた。映画では経営が困難になることがわかっていながら、それでも何故、新しい映画館を建てようと考えたのか。

もともと、映画が大好きで映画館を始めた訳ではない。山林事業のために北海道から長野に移り住み、山林事業がダメになりそうになった時に偶然始めた事業である。


思い起こせば、巡回映画を始めたのも、郊外の吉田から田町に移ったのも、再映館から封切館になれたのも、いつも何かに虐げられた悔しさや後追いのコンプレックス、もっと上に登りたいという飽くなき向上心がエネルギーとなっていたのだろ

う。せっかくここまできたんだ、一番になるまではやめられない、負けられない。斜陽になった時だからこそ、チャンスがあるはずだ。

ボウリングブームをさきどり

映画興行だけでは成り立たなくなった全国映画館では、閉館するところもあったが、建物の空きスペースにはテナントを入れたり、他の娯楽産業に転向するところも多かった。新しい映画館を建てるにあたって、映画だけでは成功しないのは目に見えていた。何か併設できるものはないだろうか。東京に出張した時に、たまたまボウリングが人気という話を耳にした。

「ボウリングって何だろう？　でも、これはいけるかもしれない！」

本屋に行き、雑誌でボウリングを探した。連絡先をメモし、電話をしてみた。

「ボウリングってどんなものか教えていただきたいんですけど」

「ピンというひょうたんを少し長くしたような置物を10本並べ、ボールを投げてそれを倒すゲームですよ」

「長野で建てる映画館にボウリング場を作ったらいいかと思っているんですが……」

「はぁ、ウチはおもちゃ屋ですが……」

「……?」

なんと、私が電話をしたのは、子ども用の玩具を作っている会社だった。このことを、笑い話のようにブエナビスタ（当時ディズニー映画の配給部門）の日本支社長に話したら、

「私の甥っ子が、川崎でAMFのボウリング場の支配人をしているので、状況を聞いておきましょう」

と快く調査を引き受けてくれた。

実は、私はまだボウリングというものは雑誌の写真でしか見たことがなかった。それを一大事業に採用しようというのだから、怖い物知らずだ。まずは、父や家族にボウリングを説明しなければならない。そういえば、間違えて電話したおもちゃ屋があったな。長野に帰る前に上野でボウリングのおもちゃを買った。

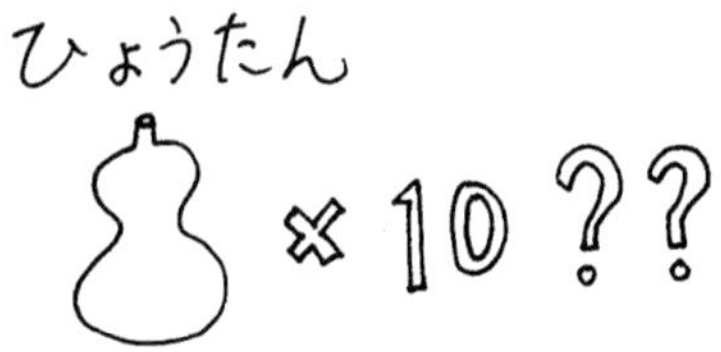

東京出張の帰りは、横川の釜飯がお土産の定番だった。中身はさることながら、カラになった釜型の素焼きの器は、食器や植木鉢になるので、結構妻に喜ばれた。夕方の信越線に乗ると、家に着くのが夜9時を過ぎるので子どもたちはもう寝ている。

この日は、おもちゃのボウリングセットを抱えて家に帰り、子どもたちをたたき起こした。

薄暗い廊下の端に、おもちゃのパッケージを見ながら小さなプラスチックのピンを三角に並べ、ゴムボールを転がす。

「これはボウリングっていうものだぞ、やってみろ」

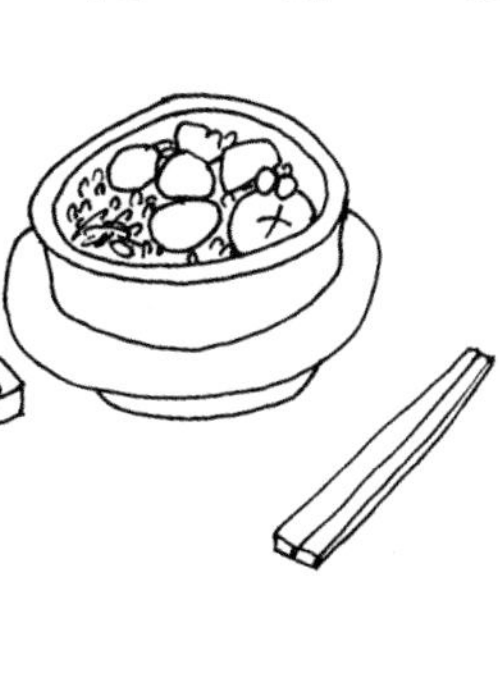

眠気眼をこすりながら起きてきた子どもたちに、無理矢理遊ばせてみた。

「どうだ、面白いだろう。これからこれを仕事にするんだ」

「簡単だから、誰でもできそうだよね」

「ん〜いいんじゃない」

「よくわからないなぁ」

子どもたちの反応はイマひとつだったが、私の中では絶対イケるという予感があった。

翌日、伊藤忠AMFという会社の人が突然やってきた。

「ボウリング場をお考えになっていると伺いました。是非、私共にお手伝いさせてください」

この縁が、映画館の苦境時代を乗り切るための「天の助け」となった。

自己資金ゼロでのスタート

ボウリングの始まりは、ピンを災《わざわい》に見立て、それをたくさん倒すことで悪魔払いをした宗教儀式だった。その歴史は古く、紀元前5000年頃の古代エジプトの遺跡から、木でできたボールとピンが発掘されている。中世になるとドイツの宗教革命家として知られるマルティン・ルターがルールを作り、現在のスポーツの原型を作りヨーロッパの宗教家の間では人気の遊びであった。それが宗教家と共にアメリカに伝わり、ここでも盛んになった。

伊藤忠といえば戦前からある有名な商社である。しかし、AMFと

いう名前は聞いたことがない。突然やってきた伊藤忠ＡＭＦの担当者は身を乗り出して話し始めた。

「ＡＭＦは米国のボウリング機器メーカーで、日本での販路拡大のために伊藤忠と合弁して作った会社が伊藤忠ＡＭＦなんです」

「ほぉ」

「日本では、これからもっとボウリングが盛んになるはずです」

「私もそんな気がする」

「ボウリングを広げるために、何でもお手伝いします」

「ボウリングのことは何もわからないし、そもそも設備をそろえる資金もない。それでも、お願いできますか」

「もちろんです」

設計から建築工事の手配、設備、運営の準備まで、伊藤忠ＡＭＦが面倒を見てくれるというのである。現在ならば、そんなうまい話があるはずがないと疑うところだが、この時、この人の熱のこもった言葉が、何かを揺り動かした。

実は、この頃、長野駅前にもボウリング場建設の話が出ており、そこを担当していたのが伊藤忠のライバル商社の三井物産。三井物産は、やはり米国ではＡＭＦのライバルであるブランズウィックと合弁して日本代理店を作っていた。図らずも、この地方都市長野で、２つの大商社がしのぎを削ることになったのだ。

建物の設計から建築は、伊藤忠ＡＭＦからの紹介で、ボウリング場建設の経験がある「生研建設」に決まった。

直ぐに設計にとりかかり、映画館は半地下と1・2階。3・4階を16レーンのボウリング場に、5階屋上はゴルフ練習場にする案がトントン拍子で固まった。これが実現したら、長野県で初めてのボウリング場となる。しかも、長野市内で5階建て以上の鉄筋コンクリート建物として、長野県庁と丸光百貨店に次ぐ3つめのビルディングになる。

問題は資金の調達だ。１９６５年は、大手都市銀行の融資が関わる大型金融詐欺事件が発覚した直後で、銀行はどこも融資を自粛していた頃である。ましてや、ボウリングはまだ未知の事業で、銀行はどこも貸し渋る。八十二銀行に相談にいったところ、当時の長野営業部長だった小泉さんが、

「今はこんな状況なので、ウチでは貸すことが出来ないが、地元中小企業の支援に力を入れている県信（長野県信用組合）なら……」

と県信に掛け合ってくれ、建築資金の融資を受けられることになった。

ボウリングの設備のうち、自動でピンを立てる機械（ピンスポッター）はＡＭＦが持ち込み、稼働させた回数分だけ支払う実績払い[※5]にしてくれた。しかし、レーンやピン、ボールなどは買い取らなければならない。その費用は当時の金額でおよそ５０００万円。割賦（分割換金）の長期手形で一括で渡した。つまり、借金をせずに手形だけでボウリング設備が整い、支払は、月々の利益を見越して手形換金で支払うのである。伊藤忠ＡＭＦのボウリングの成功に対する絶対的自信と、私たちへの信頼で成り立つ事業だった。

※5　開業当時1ゲーム２５０円　そこから1セント（36円）を機械代として支払った。

松代群発地震・真っ只中での突貫工事

昭和40（１９６５）年から、この辺り一帯は「松代群発地震」で、2分に1回は体に感じる地震があった。震度４や震度5になることも度々あった。そんな中でのビル工事である。基礎工事は最も大切であったが、とにかく一日でも早くオープンさせなければならないという任務を負っていたので、人海戦術の突貫工事となった。土木作業や鉄筋コンクリート工事には、県外からも多くの作業員が集められた。長野ではあまり目にすることがない刺青をいれた人夫たちが、地震の揺れなどものともせず荒々しく働いている。

工事の様子には、ただただ圧倒されたが、こちらもオープンに向けてやらなければならないことが山積みである。

映画館を成功させるためには一流でなければならない。

長野県で初めてのボウリング事業だ！

みんなが、あっと驚くことをしなければ…。

劇場はオペラ座のように……

ロビーに一歩足を踏み入れると巨大な大理石のレリーフが目に入る。劇場入口の革張り風の重厚なドアを開くとレース模様のカバーが掛かった座席が並ぶ。自由席の入口は、ロビーから両サイドにわかれた半階分階段をおりる。場内の１階席から見上げると、バルコニーの

長野グランド劇場の断面略図

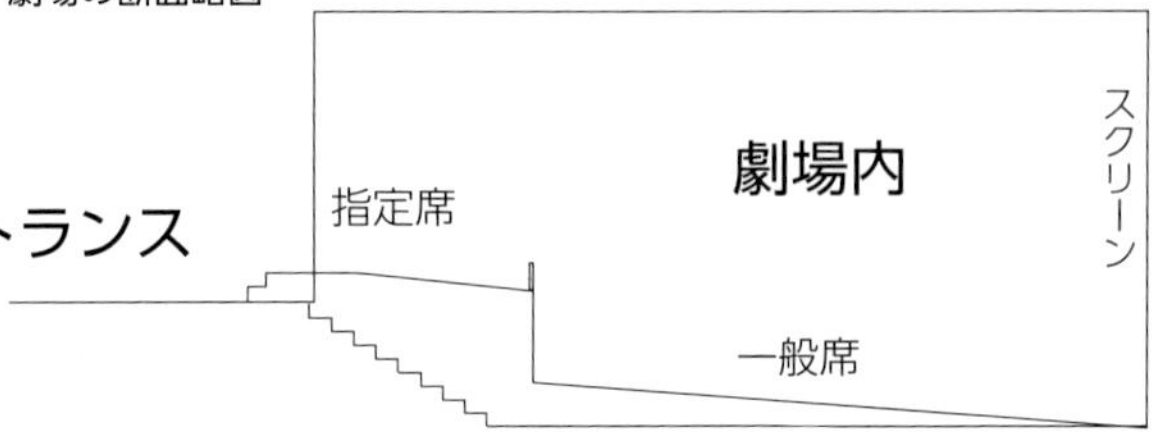

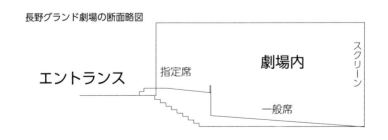

ように指定席が2階に見えている。あこがれの欧米映画に出てくるオペラ劇場をイメージした空間演出だ。

客席は、航空機の座席を作る会社に３５０席注文した。映写機は70ミリ映画も映写できるビクターの最新鋭の全自動を導入した。

映画館の名称は、壮大で格調が高いイメージがいい。東京の映画館にもない名前……。ホテルの名前にあった「グランド」が、何となく良い感じだったので、館名は「長野グランド劇場」と付け、同時に、田町の長野第二映画劇場も「長野ピカデリー劇場」と改名した。

倉庫を改造しただけの粗末な映画館から始めて、15年余り。市内でも一番豪華な映画館が誕生した。

若い力を集めたスポーツ施設に……

新しい映画館の準備は、今までの経験からある程度の勝手がわかっていたし、やりたいことも明確だったが、ボウリングは全くの素人だ。運営実務はもちろん、ボウリングの遊び方もよく知らない。そこで、そのころ全国で急増するボウリング場経営者を集め、投球方法・ルール・スコアーの付け方など、どのようにお客に教えればよいのかを習う講習に参加して学んだ。それまで映写技師をしていた弟の守は、ボウリングの機械技術の講習を横浜で１か月間受けた。

次は従業員だ。今まで映画館だけだったので、ほとんどの部分を家族と近所の主婦のパートでまかなえていたが、これからはボウリングの専門知識をもつ人材を育てなければならない。ボウリングでは大きな機械を扱うのでメカニック（技術員）も育成しなければならない。それに、ボウリングはスポーツなので、健康的なイメージも大切だ。

それまで映写技師をしていた若い社員から、体格もよく元気はつらつとしていた中沢君をボウリング場担当に抜擢、メカニックは弟の守が中心になった。従業員は新聞で募集し採用した。若くてはつらつとしているということは、その分ヤンチャ度も高い。お客さんに対しての言葉の使い方、電話応対の仕方、効率よく掃除をする方法、集まった若者たちを、妻が厳しく躾ける。オープン後は、この若い従業員たちの世話に、妻は家族のように気を配った。栄養が偏らないように昼食には十数人の弁当を手作りし、風邪をひいて休むことがあれば、下宿先まで行って看病する。後には、独身者用に社員寮も作り、賄いに寮母さんを置いて、衣食住の世話にあたったものだ。

さて、オープンまでの数か月、従業員の特訓がはじまる。まだレーンや機械が入る前なので、ボウリングを見たこともない従業員に紙に書いて説

明する。

現在は、倒れたピンをセンサーで感知し、コンピューターが自動的にスコアシート（得点表）の画面に表示してくれるが、当時は残ったピンの位置が電光盤に点灯されるだけで、スコアーシートへは、お客さんが鉛筆で手書きしていた。

ストライク、ダブル、ターキー、スピリット、スペア、ガーターなどなど、ピンと倒し型だけでも専門用語が続々並ぶ。それを、スコアーシートにどのように書き込んでいくか、いろいろな状況を頭でイメージしながらの研修。これをマスターしなければ、ゲームのやり方を知らないお客さんへの説明ができない。

ボウリングは基本単純なスポーツなので、ルールはそんなに難しくはないが、レーンの先でピンを立てたり、ボールをボーラ席まで運ぶ機械を動かしているメカニックの研修は大変だ。大型の機械の上を渡り歩きローラーやモーターがぎっしり組み込まれた機械を滞ることなく動かさなければならない。ひとつ間違えば、大ケガをする事故に繋がるため、気を引き締めて従事することを弟の守がメカの若者たちにたたき込んだ。

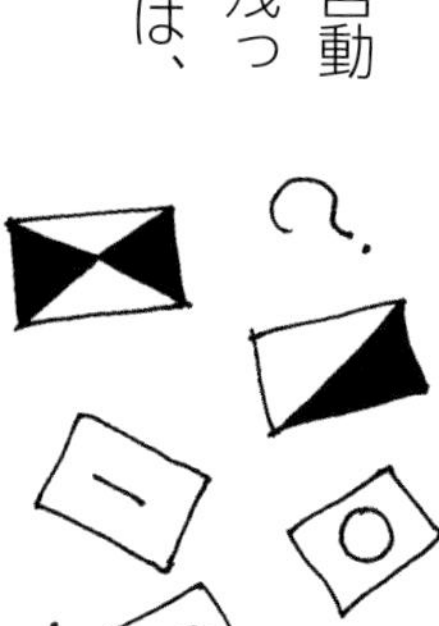

その他にもオープンまでにやらなければならないことは、山のようにあった。
スコアーシートの印刷、貸し靴、貸しボールなどの物品調達、交代勤務の体制作り、広告宣伝、

役所への許可申請などなど。これらを、グランド劇場のフィルム仕込みやオープン準備と並行してやらなければならないのだ。寝る間もない状態だったが、この時、私はまだ36歳。気力も体力もあり、どうにか乗り越えられた。

長野グランド劇場オープン

昭和41（1966）年4月29日 祝日。

洋画専門封切館「長野グランド劇場」オープン。

オープニングの上映作品は、ディズニーの「メリーポピンズ」。

実は、オープニングの作品は、すでに別の会社のアクション映画で決まっていたのだが、直前になって急遽変更したのだ。「メリー・ポピンズ」は、ディズニーの肝いりの大作であり、今までなら後発である我々の劇場に配給されるはずのない作品だった。

ところが、長野市内の他の洋画封切館とは配給条件が折り合わず、軒並み断わられたため、長野グランド劇場に話が回ってきたのである。

「メリー・ポピンズ」

昭和40（1965）年公開　ブエナビスタ（現・ディズニー）
監督：ロバート・スティーヴンソン
出演：ジュリー・アンドリュース
ディック・ヴァン・ダイク

すでに決まっている、しかも新しい映画館のスタートを飾る作品だ。普通なら簡単に変更できるはずもないのだが、この時は躊躇することなく大転換に踏み切った。

映画館には、場所や上映時間をたずねるために毎日多くの電話がかかってくる。劇場の事務所で電話を受ける妻は必ず、

「はい、『メリー・ポピンズ』の長野グランド劇場です」

と出ていた。インターネットもＳＮＳもない時代、自前で情報を発信できるツール、この場合は電話を最大限使って口コミの広報活動をしていた。あっぱれである。

「メリー・ポピンズ」は、大ヒットとなった。そして、

「長野グランド劇場は、良い映画を上映する映画館だ」

という評判が一気に広がった。

ディズニー配給会社の支店長に話した一言が、この建物ができるきっかけとなり、そして、見えない縁に引き寄せられるようにオープニング作品がディズニー映画となった。後で考えると、やっぱり「ご縁」というのは大切にしていると、繋がるものだ。

映画館オープンと同じ日、16レーンのボウリング場「長野ボウル」もオープンした。駅前で計画されていた三井物産系のボウリング場よりも1か月早く、長野県で初めてのボウリング場となった。

昭和25（1950）年の吉田映画館開館以来、今まで一度たりとも人前に出て挨拶をすることをしなかった父が、オープンの式典の舞台で挨拶をした。

この日以来、父は事業について一切口を出すことがなくなった。それから16年後、昭和57（1982）年、父は75歳で亡くなった。目を落とす寸前、最期の言葉は、母の時と同じ「治、頼む」だった。

オペラ座をイメージし高級感を漂わせた映画館をめざした「長野グランド劇場」だったが、ちょっとした誤算があった。

チンチン・ガタンゴトン・ゴロゴロ・ドスンの映画館

建物の西側は長野電鉄の線路、北側劇場前の道には踏切があった。電車が通る度にチンチンが鳴り、続いてガタンゴトンと震動する。権堂駅が近かったので、踏切の遮断機が下りている時間も長い。

そして、ひとつ上の階は、ボウリング場。重いボールが転がる音が雷の様にゴロゴロ響く。ゲームをする客のほとんどが初心者なので、時にはボールを放り投げてしまいドスンという音が床や天井を伝わって……。

もう、おわかりだろう。壁に防音を施しても、劇場内にその震動音が入るのだ。ドンパチ物のアクション映画ではごまかせるが、長野グランド劇場は、文芸作品も多い。この音には、「しまった！」と内心焦った。

しかし、大きな苦情がでることはなかった。それは、今までの映画館の劣悪環境に比べたら、この雑音を除けば、客席の座り心地など鑑賞環境は格段に良かったし、何よりこの頃の映画ファンの寛容さに助けられた。

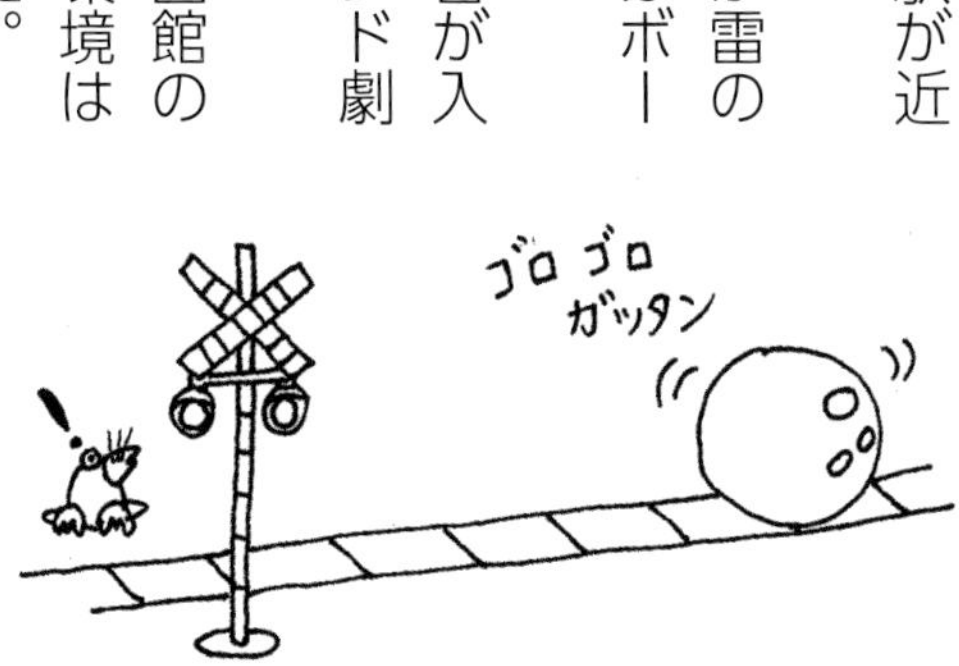

映画館横の踏切（昭和 50 年頃）

グランド劇場横を走る長野電鉄
（長野大通り工事中）

洋画豊作時代の陰に……

映画斜陽期といわれた60年代、70年代だが、洋画では名作が続々登場していた。２０１７年現在実施されている「午前十時の映画祭」（２０１０年から始まった名作のリバイバル連続上映シリーズ）に選ばれている名作は、この頃封切りされた作品が多い。

このような作品は後世にまで人々の記憶に残ったからこそ「名画」と呼ばれるが、封切り当時は大作と呼ばれていたわけではない。

現在は、世界同時公開が多いが、この頃は先ず米国で公開し、その反響を見ながら日本国内の配給を決めていたので、米国でヒットした作品が大作と呼ばれることになる。

洋画の大作は、フィルム料が高く地方の映画館では採算を取るのがキビシイだろうということもあり、映画配給会社は興行収入があがる映画館への配給を優先した。

長野の場合、立地条件がいい長野駅前の「千石劇場」、つづいて洋画専門が定着している「長野パレス劇場」が優先され、「長野グランド劇場」は新参なので、大作はなかなか配給してもらえない。長野ピカデリー劇場との繋がりもあり、オープン当初は米国で興行収入トップクラスの作品の封切りもできたが、徐々にそれも少なくなっていく。配給の交渉で東京に出張するたび、米国映画の大作に列をなしている客を見ては悔しい思いをしたが、泣き言を言ってられない。

「大作を上映できないなら、秀作を集めよう」

北米興行収入トップ10と長野グランド劇場での封切り上映作品

1965年

グランド上映	北米順位	作品名	製作スタジオ
●※1	1	**サウンド・オブ・ミュージック**	20世紀フォックス
再※2	2	ドクトル・ジバゴ	MGM
	3	007 サンダーボール作戦	ユナイテッド・アーティスツ
●	4	**素晴らしきヒコーキ野郎**	20世紀フォックス
	5	シャム猫FBI/ニャンタッチャブル	ウォルト・ディズニー
●	6	**グレートレース**	ワーナー・ブラザース
	7	キャット・バルー（英語版）	コロンビア映画
	8	何かいいことないか子猫チャン	ユナイテッド・アーティスツ
	9	シェナンドー河	ユニバーサル映画
	10	脱走特急	20世紀フォックス

1966年

●	1	**天地創造**	20世紀フォックス
●	2	**ハワイ**	ユナイテッド・アーティスツ
	3	バージニア・ウルフなんかこわくない	ワーナー・ブラザース
●	4	**砲艦サンパブロ**	20世紀フォックス
	5	わが命つきるとも	コロンビア映画
●	6	**続・夕陽のガンマン**	ユナイテッド・アーティスツ
	7	南海征服（英語版）	ウォルト・ディズニー
	8	アメリカ上陸作戦	ユナイテッド・アーティスツ
	9	グラン・プリ	MGM
	10	欲望	MGM

※1　「サウンド・オブ・ミュージック」はピカデリー劇場で封切り
※2　「ドクトル・ジバゴ」は、後にグランド劇場で再映

1967 年

グランド上映	北米順位	作品名	製作スタジオ
	1	卒業	ユナイテッド・アーティスツ
	2	ジャングル・ブック	ウォルト・ディズニー
	3	招かれざる客	コロンビア映画
●	4	**俺たちに明日はない**	ワーナー・ブラザース
	5	特攻大作戦	MGM
	6	哀愁の花びら（英語版）	20 世紀フォックス
	7	007 は二度死ぬ	ユナイテッド・アーティスツ
	8	いつも心に太陽を	コロンビア映画
	9	地獄の天使	AIP
	10	モダン・ミリー	ユニバーサル映画

1968 年

	1	2001 年宇宙の旅	MGM
	2	ファニー・ガール	コロンビア映画
	3	ラブ・バック（英語版）	ウォルト・ディズニー
	4	おかしな二人	パラマウント映画
●	5	**ブリット**	ワーナー・ブラザース
●	6	**ロミオとジュリエット**	パラマウント映画
	7	オリバー！	コロンビア映画
	8	ローズマリーの赤ちゃん	パラマウント映画
●	9	**猿の惑星**	20 世紀フォックス
	10	ナイト・オブ・ザ・リビングデッド	ウォルター・リード

1969年

グランド上映	北米順位	作品名	製作スタジオ
	1	明日に向って撃て	20世紀フォックス
	2	真夜中のカーボーイ	ユナイテッド・アーティスツ
	3	イージーライダー	コロンビア映画
	4	ハロー・ドーリー!	20世紀フォックス
	5	ボブ&キャロル&テッド&アリス	コロンビア映画
	6	ペンチャー・ワゴン（英語版）	パラマウント映画
	7	勇気ある追跡	パラマウント映画
	8	サボテンの花	コロンビア映画
●	9	**さよならコロンバス**	パラマウント映画
	10	女王陛下の007	ユナイテッド・アーティスツ

1970年

	1	ある愛の詩	パラマウント映画
	2	大空港	ユニバーサル映画
●	3	**M★A★S★H マッシュ**	20世紀フォックス
●	4	**パットン大戦車軍団**	20世紀フォックス
	5	ウッドストック／愛と平和と音楽の三日間	ワーナー・ブラザース
	6	おしゃれキャット	ウォルト・ディズニー
●	7	**小さな巨人**	National General Pictures
	8	ライアンの娘	MGM
●	9	**トラ・トラ・トラ!**	20世紀フォックス
	10	Chariots of the Gods（英語版）	Constantin Film（英語版）

ヨーロッパ映画

ハリウッド映画に代表される米国映画は、勧善懲悪のヒーローもの、絢爛豪華なファンタジーやミュージカルなど観るとスッキリする娯楽作品が多かったのに対して、ヨーロッパ映画は、「人生」「社会」「家族」「人間の本質」などをテーマにした、芸術的要素の強い作品が多かった。

「テレビでもない、ハリウッドの大作映画でもない、心にしみるヨーロッパ映画を上映して、本当の映画の良さを伝えよう」

前述した「優秀映画同好会」で学んだ〝映画の魅力〟が伝わる作品を選んで上映することにした。

青春、家族、恋愛はフランス（仏）やイタリア（伊）、スペイン（西）、サスペンスはイギリス（英）など各国の特徴を活かし、後に名作と言われる作品も数多くあった。

注目すべきは、ソ連（現・ロシア）映画『戦争と平和』

「戦争と平和」入場待ちの行列

を上映したことだ。世界十大小説ともいわれるトルストイの同名長編小説を、モスクワ映画撮影所（モスフィルム）が3年掛かりで製作した、これこそ超大作。19世紀前半のナポレオンによるロシア遠征とその失敗などの歴史的背景を描きながら、ロシア貴族の興亡と新しい時代への目覚めを綴った群像小説である。

これまで、１９５６年のオードリー・ヘップバーン主演など何度か映画化はされていたが、このソ連製の作品は、重厚な映像美や主演のリュドミラ・サベリーエワの透き通るような美しさもさることながら、戦争の悲劇性や変わりゆく時代など、敗戦から25年が過ぎ経済成長のただ中にある日本人の心に響くものがあった。第一部は昭和47（１９６７）年、完結編は昭和48（１９６８）年、2回の年末～正月作品として上映。他の作品とはケタ違いの大ヒットとなった。

「戦争と平和」
ソ連：１９６６年：ヘラルド
監督：セルゲイ・ボンダルチュク
出演：リュドミラ・サベリーエワ
ヴャチェスラフ・チーホノフ
セルゲイ・ボンダルチュク
アナスタシャ・ヴェルティンスカヤ

昭 41(1966) 年長野グランド劇場上映作品

	作品名	ジャンル	製作国	封切	日数	上映期間	人数	損益率
1	メリー・ポピンズ	ファンタジー	米	●	42	4/29～6/9	11,705	**-12%**
	チャイコフスキー物語	伝記	米					
2	華麗なる激情	歴史劇	米 / 伊	●	21	6/10～6/30	5,200	0%
	バレリーナ物語	ドラマ	米	●				
3	電撃フリント GOGO 作戦	アクション	米	●	18	7/1～7/18	2,406	**-49%**
	飛べ！フェニックス	アドベンチャー	米	●				
4	嵐が丘	文芸	米		21	7/19～8/8	8,524	27%
	汚れなき悪戯	ドラマ	西					
5	サウンド・オブ・ミュージック	ミュージカル	米		14	8/9～8/22	3,819	25%
6	ネバダ・スミス	西部劇	米	●	18	8/23～9/9	3,271	2%
	栄光の丘	ドラマ	米	●				
7	寒い国から帰ったスパイ	ミステリー	米	●	7	9/10～9/16	934	**-13%**
	カラハリ砂漠	アクション	英	●				
8	オセロ	文芸	英	●	17	9/17～10/3	3,689	23%
	愛の調べ	伝記	米					
9	幸福（しあわせ）	ドラマ	仏	●	14	10/4～10/17	1,605	**-57%**
	家族日誌	ドラマ	米 / 伊					
10	ブルー・マックス	戦争	米 / 英	●	14	10/18～10/31	1,530	**-39%**
	唇からナイフ	コメディ	英	●				
11	ミクロの決死圏	SF	米	●	14	11/1～11/14	3,245	**-20%**
	ブルーライト作戦	戦争	米	●				
12	赤と黒	文芸	仏		11	11/15～11/25	1,077	**-50%**
	旅愁	ロマンス	米					
13	グレート・レース	コメディ	米	●	10	11/26～12/5	840	**-78%**
	素晴らしきヒコーキ野郎	アクション	米	●				
14	攻撃	戦争	米		11	12/6～12/16	937	**-42%**
	駆逐艦ベッドフォード作戦	戦争	米					
15	**戦争と平和（第１部）**	**戦争**	**ソ**	●	**35**	**12/17～1/20**	**18,579**	**28%**
	損益率（損益÷興行料収入）							5%

昭 41(1966) 年
上映作品割合

年間上映本数	28	
封切り	18	64%
再映	10	36%
米	17	61%
欧州	11	39%
(邦画)	0	0%

昭42(1967)年長野グランド劇場上映作品（前半）

	作品名	ジャンル	製作国	封切	日数	上映期間	人数	損益率
1	夕陽のガンマン	西部劇	伊／西	●	21	1/21～2/10	4,328	**-13%**
	復讐戦線		米	●				
2	ハワイ	ドラマ	米	●	14	2/11～2/24	1,520	**-134%**
	恋するガリア	サスペンス	仏	●				
3	**おしゃれ泥棒**	コメディ	米	●	24	2/25～3/20	9,167	39%
	めぐり逢い	ロマンス	米					
4	**天地創造**	歴史劇	米／伊	●	28	3/21～4/17	8,536	**-11%**
5	恐竜１００万年	アドベンチャー	英	●	12	4/18～4/29	4,233	30%
	荒野のプロ・ファイター	西部劇	伊／西	●				
6	パリは燃えているか	戦争	仏／米	●	20	4/30～5/19	3,386	**-2%**
	５つの銅貨	伝記	米					
7	電撃フリントアタック作戦	アクション	米	●	14	5/20～6/2	2,041	3%
	ガン・クレイジー	西部劇	伊／西	●				
8	レベッカ	ミステリー	米		17	6/3～6/19	4,649	26%
	タヒチの男	コメディ	仏	●				
9	ガンマン無頼	西部劇	伊／西	●	14	6/20～7/3	2,370	7%
	地球は燃える	ドキュメンタリー	仏	●				
10	続・荒野の１ドル銀貨	西部劇	伊／西	●	14	7/4～7/17	3,493	28%
	世界猟奇地帯	ドキュメンタリー	伊	●				

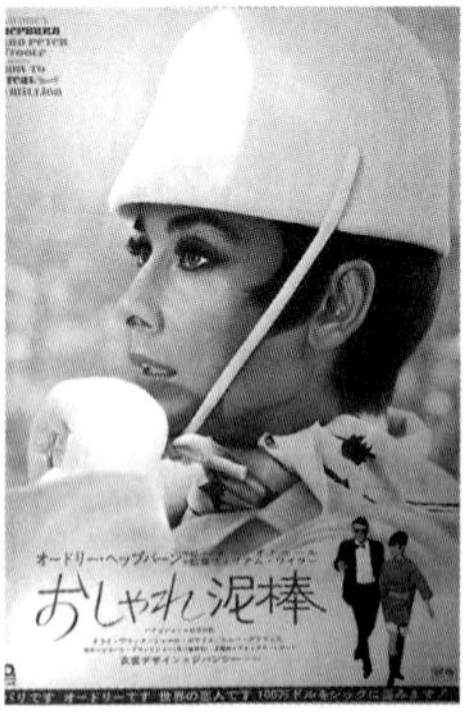

「おしゃれ泥棒」　20世紀ＦＯＸ
監督：ウィリアム・ワイラー
出演：オードリー・ヘプバーン
ピーター・オトゥール

「天地創造」　20世紀ＦＯＸ
監督：ジョン・ヒューストン
出演：エヴァ・ガードナー
ジョージ・C・スコット

昭 42(1967) 年長野グランド劇場上映作品（後半）

	作品名	ジャンル	製作国	封切	日数	上映期間	人数	損益率
11	マイ・フェア・レディ	ドラマ	米		10	7/18～7/27	2,514	45%
	ウィーンの森の物語	伝記	米					
12	ダンボ	アニメ	米		12	7/28～8//8	**3,351**	**-3%**
	クマのプーさん	アニメ	米	●				
13	いつも２人で	ロマンス	米／英	●	24	8/9～9/1	7,909	30%
	おしゃれスパイ危機連発	サスペンス	米	●				
14	ギャング	サスペンス	仏		14	9/2～9/15	2,694	10%
	ミネソタ無頼	ミネソタ無頼	伊/仏/西	●				
15	砲艦サンパブロ	戦争	米		14	9/16～9/29	**2,448**	**-3%**
	暁の用心棒	西部劇	伊	●				
16	**十戒**	歴史劇	米		21	9/30～10/20	9,057	43%
17	情無用のジャンゴ	西部劇	伊	●	10	10/21～10/30	1,884	4%
	マシンガン・シティ	アクション	米	●				
18	ジェーン・エア	文芸	米		21	10/31～11/20	7,054	36%
	モダン・ミリー	ミュージカル	米	●				
19	ロミオとジュリエット	文芸	英		11	11/21～12/1	**869**	**-130%**
	ファンタジア	ファンタジー	米					
20	女の一生	文芸	日	●	14	12/2～12/15	**1,495**	**-2%**
	稲妻	ドラマ	日					
21	**戦争と平和（完結編）**	戦争	ソ連	●	35	12/16～1/19	**18,836**	25%
						損益率（損益÷興行料収入）		16%

昭 42(1967) 年
上映作品割合

年間上映本数	39	
封切り	26	67%
再映	13	33%
米	18	47%
欧州	19	49%
(邦画)	2	5%

「十戒」パラマウント
監督：セシル・B・デミル
出演：チャールトン・ヘストン
ユル・ブリンナー

昭 43(1968) 年長野グランド劇場上映作品（前半）

	作品名	ジャンル	製作国	封切	日数	上映期間	人数	損益率
1	続・夕陽のガンマン	西部劇	伊	●	24	1/20～2/12	5,086	9%
	ビーチレッド戦記	戦争	米	●				
2	ナポリと女と泥棒たち	コメディ	伊	●	11	2/13～2/23	1,143	**-1%**
	空から赤いバラ	アドベンチャー	米	●				
3	ふたりだけの窓	青春	英	●	21	2/24～3/15	5,511	29%
	足ながおじさん	ミュージカル	米					
4	ドリトル先生不思議な旅	ファンタジー	米	●	21	3/16～4/5	5,055	**-4%**
	ロビンフッドの逆襲	アドベンチャー	伊	●				
5	ウィル・ペニー	西部劇	米	●	14	4/6～4/19	1,600	**-32%**
	サハリ！	アクション	英	●				
6	最高にしあわせ	コメディ	米	●	21	4/20～5/10	5,478	**-15%**
	みじかくも美しく燃え	ドラマ	スウェーデン	●				
7	サムライ	サスペンス	仏	●	14	5/11～5/24	2,820	3%
	俺たちに明日はない	犯罪	米	●				
8	キャメロット	ミュージカル	米	●	14	5/25～6/7	1,634	**-48%**
	老人と子供	戦争	仏	●				
9	続 鎖の大陸／苦いパン	ドキュメンタリー	伊	●	14	6/8～6/21	1,902	**-34%**
	砂塵に血を吐け	西部劇	西独／伊	●				
10	ファイヤークリークの決斗	西部劇	米	●	7	6/22～6/28	571	**-59%**
	ある戦慄	サスペンス	米	●				
11	暗くなるまで待って	サスペンス	米	●	24	6/29～7/22	5,606	18%
	太陽の恋人 クール・ワッズ	青春	米					

「足ながおじさん」 20世紀FOX
監督：ジーン・ネグレスコ
出演：レスリー・キャロン
フレッド・アステア

「暗くなるまで待って」 ワーナー
監督：ジーン・ネグレスコ
出演：オードリー・ヘプバーン
アラン・アーキン

昭 43(1968) 年長野グランド劇場上映作品（後半）

	作品名	ジャンル	製作国	封切	日数	上映期間	人数	損益率
12	**猿の惑星**	SF	米	●	21	7/23～8/12	8,296	31%
	拳銃無頼	西部劇	伊	●				
13	心を繋ぐ 6 ペンス	ミュージカル	英	●	14	8/13～8/26	3,453	**-15%**
	青春の海	青春	米	●				
14	トニー・ローム / 殺しの追跡	アクション	米	●	11	8/27～9/6	1,573	43%
	黄金の三悪人	西部劇	伊	●				
15	哀愁の花びら	ドラマ	米	●	4	9/7～9/20	1,180	**-44%**
	幸福の行方	ドラマ	仏	●				
16	史上最大の作戦	戦争	米	●	17	9/21～10/7	3,438	**-12%**
	バンドレロ	西部劇	米	●				
17	ハイジ	文芸	西独 / 墺	●	11	10/8～10/18	1,391	**-56%**
	花嫁の父	コメディ	米					
18	アフリカ最後の残酷	ドキュメンタリー	伊	●	14	10/19～11/1	1,475	**-25%**
	裏切りの荒野	西部劇	伊	●				
19	スター！	ミュージカル	米	●	14	11/2～11/15	2,020	0%
	魚が出てきた日	SF	伊 / 希	●				
20	刑事	サスペンス	伊		7	11/16～11/22	577	**-43%**
	地獄からきたプロガンマン	西部劇	伊 / 西	●				
21	**祇園祭**	**時代劇**	**日**	●	28	11/23～12/20	6,703	13%
	白昼堂々	**サスペンス**	**日**	●				
22	さらば友よ	サスペンス	仏	●	21	12/21～1/10	5,548	18%
	未青年	青春	仏	●				
	損益率（損益÷興行料収入）							3%

昭 43(1968) 年
上映作品割合

年間上映本数	43	
封切り	39	91%
再映	4	9%
米	20	47%
欧州	21	49%
(邦画)	2	5%

「猿の惑星」20世紀FOX
監督：フランクリン・J・シャフナー
出演：チャールトン・ヘストン
ロディ・マクドウォール
キム・ハンター

映画興行は儲からない?!

さて、前ページから紹介している表で、収支がマイナスになっている作品が多いことに気がつかれただろうか。

そう、映画興行は意外と儲からないのだ。

昭和41（1966）年オープン作品の『メリー・ポピンズ』も、一万人越えの大ヒットになったが、収支は赤字。

現在では、作品毎に興行料収入（入場料収入）に対しての歩合でフィルム料を支払うが、昭和45（1970）年頃の「個人館」（配給会社直営の映画館以外の劇場）のほとんどが定額（フラット）でフィルムを仕入れる仕組みだった。したがって、フィルム料が高い作品は、その分大勢のお客さんが入らないと採算が合わなくなる。入場者数を上げるためには宣伝費も使うので経費もかさむ。結果、人数が多くても赤字になることがあった。

再映の作品は、封切りに比べフィルム料は安い。入場者数はまぁまぁでもフィルム料が安い分だけ利益が上がる。『サウンド・オブ・ミュージック』などの人気作は、再映でも結構入場者を集められたので、度々再映した。

一本のヒットで映画興行は成り立つ?!

信念をもって上映したヨーロッパ映画ではなかなか利益は上げられない。しかし、年間を通して何とかトントンになったのは、その年に、1～2作の大ヒットがあったからである。

つまり、映画興行は、年間数本の大ヒットがあれば、何とかやっていける商売なのだ。と同時に、ヒット作品が全くなければ、大赤字に転落することになる。映画興行が「水物」といわれるのは、ヒット作がでるか出ないか予測できない不安定な商売だからだ。

昭44(1969)年長野グランド劇場上映作品（前半）

	作品名	ジャンル	製作国	封切	日数	上映期間	人数	損益率
1	ブリット	アクション	米	●	24	1/11～2/3	7,002	16%
	あの胸にもういちど	ロマンス	英／仏	●				
2	バーバレラ	SF	仏／米／伊	●	14	2/4～2/17	**1,968**	**-5%**
	黄金の眼	アクション	伊／仏	●				
3	俺たちに明日はない	犯罪	米	●	8	2/18～2/25	1,103	25%
	暗くなるまで待って	サスペンス	米	●				
4	天国か、地獄か	ドキュメンタリー	伊	●	13	2/26～3/10	2,199	4%
	華麗なる殺人	サスペンス	伊	●				
5	**ロミオとジュリエット**	文芸	英／伊	●	21	3/11～3/31	**13,393**	22%
	めざめ	ドラマ	仏	●				
6	まごころを君に	SF	米	●	11	4/1～4/11	**632**	**-97%**
	キュリー夫人	伝記	米					
7	黒ひげ大旋風	ファンタジー	米	●	14	4/12～4/25	**609**	**-125%**
	青春ダイナマイト	青春	米	●				
8	太陽が知っている	サスペンス	仏／伊	●	17	4/26～5/12	4,854	5%
	先生	ミステリー	仏	●				
9	ローズマリーの赤ちゃん	ホラー	米	●	14	5/13～5/26	**1,773**	**-1%**
	愛すれど心さびしく	ドラマ	米	●				
10	バスタード	アクション	伊／西独／仏	●	14	5/27～6/9	**1,398**	**-21%**
	100挺のライフル	西部劇	米	●				
11	オー！	コメディ	仏	●	18	6/10～6/27	**1,576**	**-71%**
	エスカレーション	ドラマ	伊	●				
12	ふたりだけの夜明け	青春	仏	●	7	6/28～7/4	1,583	52%
	ブーベの恋人	ロマンス	伊／仏					
13	**ひとりっ子**	**ドラマ**	**日**	●	14	7/5～7/18	6,160	20%
	プレイタイム	コメディ	仏	●				

　ここからは、映画興行が苦しい時代に助けられたヒット作品について少し紹介しよう。

　1年以上大ヒット作に恵まれなかった苦境から脱した作品が、**「ロミオとジュリエット」**。一世を風靡したオリヴィア・ハッセーの登場だ。（2年前にも同タイトルが上映されたがそれと別物）これまでにも度々映画化されてきたが、登場人物の実年齢により近い俳優

昭44(1969)年長野グランド劇場上映作品（後半）

	作品名	ジャンル	製作国	封切	日数	上映期間	人数	損益率
14	**栄光への5000キロ**	**アドベンチャー**	**日**	●	28	7/19～8/15	**14,997**	35%
15	わんわん物語	アニメ	米		4	7/28～7/31	1,825	73%
	百獣の王ライオン	ドキュメンタリー	米					
16	千夜一夜物語	アニメ	日	●	21	8/16～9/5	**4,761**	**-6%**
	青春の光と影	青春	米	●				
17	**人間の條件**	ドラマ	日		7	9/6～9/12	2,076	
18	カラマーゾフの兄弟	文芸	ソ連	●	21	9/13～10/3	4,634	1%
19	大頭脳	コメディ	伊/仏/米	●	14	10/4～10/17	809	1%
	人類の偉大な飛躍	ドキュメンタリー	米	●				
20	**ベトナム**	**ドキュメンタリー**	**日**	●	14	10/18～10/31	5,731	0%
	男はつらいよ	**ドラマ**	**日**	●				
21	さよならコロンバス	青春コメディ	米	●	10	11/1～11/10	**1,250**	**-22%**
	17才	青春	デンマーク	●				
22	大いなる男たち	西部劇	米	●	14	11/11～11/24	**1,056**	**-53%**
	国際泥棒組織	アクション	伊	●				
23	さすらいの青春	青春	仏	●	18	11/25～12/12	3,779	24%
	ハムレット	文芸	ソ連					
24	白昼の死刑台	サスペンス	米	●	7	12/13～12/19	**446**	**-87%**
	殺人美学	サスペンス	米	●				
25	クリスマス・ツリー	ドラマ	仏	●	26	12/20～1/14	8,148	15%
	華麗なる週末	ドラマ	米	●				
					損益率（損益÷興行料収入）			18%

昭44(1969)年
上映作品割合

年間上映本数	47	
封切り	42	89%
再映	5	11%
米	18	38%
欧州	24	51%
(邦画)	5	11%

が演じたことでも新鮮な作品として話題を呼んだ。14歳のジュリエット役のオリビア・ハッセーが当時16歳。その可憐で初々しい姿に老若男女が魅了され、その姿とともに甘くて切ないニーノ・ロータの音楽は映画音楽の不滅の名曲となった。

この年のヒット作2本目は、石原裕次郎主演の**「栄光への5000キロ」**。サファリラリーの過酷なレースに挑み優勝した日本チームの実話をもとにした傑作だ。共演は、浅丘ルリ子、三船敏郎、仲代達矢、そして俳優時代の伊丹十三。ラリーの様子は、本当のサファリラリーで撮影したので迫力満点。映画館のスクリーンだからこそ味わえる臨場感で15，000人を集客し大ヒットになった。私の娘たちは小学生の時にこの映画を観てから車好きになり、50歳を過ぎた今でもスポーツカーを乗り回している。

同じ年、特出すべきエピソードがある。

松竹と大映の封切館だった権堂の相生座が大映の直営になっ

「ロミオとジュリエット」
昭和43（1968）年　イタリア
監督：フランコ・ゼフィレッリ

「栄光への5000キロ」
昭和44（1969）年　松竹
監督：蔵原惟繕

た。そのお陰で松竹邦画系の封切り館の枠が空いたのである。以前から松竹の洋画系の作品は上映していたが、これからは邦画も封切りでかけられようになる。

ご存じ寅さん**「男はつらいよ」**の記念すべき第一作を封切りした。もともとテレビドラマだったが、ドラマの終了を惜しんだファンの期待に応えて松竹が映画化したのである。ドラマの原案と脚本を担当していた山田洋次監督がメガホンを取った。公開時は、そんなに騒がれた作品ではなかったが、徐々に人気が高まり、27年間で48作、盆と正月の風物詩ともなった。ちなみに第2作**「新・男はつらいよ」**第3作**「続・男はつらいよ」**は長野ピカデリー劇場で封切り上映したが、1971年大映が倒産したのをきっかけに、松竹の封切邦画は再び相生座に戻ったため、これ以降の寅さんシリーズは、相生座で上映された。

これも同じ年、もうひとつ忘れられないエピ

「男はつらいよ」
昭和44（1969）年　松竹
監督：山田洋次
出演：渥美清　倍賞千恵子

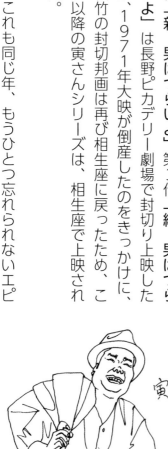

ソードがある。

五味川純平の250万部ベストセラー長編小説『人間の條件』を映画化した作品を再映したときのこと。

『人間の條件』は、小説と同じ全6部で構成され、日本映画史上最長の超大作。ひとつのまとまったストーリーの劇場映画としてギネスブックにも載った作品である。

第1部　純愛篇（1959年）
第2部　激怒篇（1959年）
第3部　望郷篇（1959年）
第4部　戦雲篇（1959年）
第5部　死の脱出（1961年）
第6部　廣野の彷徨（1961年）

2部ずつ3年かがりで製作し、随時公開されていた。

物語は、太平洋戦争当時の満州（現・中国東北部）を舞台に、人間性を無視した極限的な状況の下でひとりの若い男が虐げられた者の味方として人道主義的に生きようとする姿を感動的に描いている。

「人間の條件」　**松竹**
昭和34（1959）年　松竹
監督：小林正樹
出演：仲代達矢　新珠三千代

どんな状況にあっても、いかに人間でありうるか……

封切り当初、それぞれ大ヒットしたが、全編を一気に観ることで、そのゆるぎない人生観と壮絶な戦争との葛藤、何としても妻の元に帰るという精神的支えなど、原作とともに映画に込められた強いメッセージが心を打つ。

総上映時間は、９時間32分におよぶ。

再映初日の９月６日土曜日は、夜７時から始まる上映があった。途中休憩では、私の家族が総出でつくった「にぎりめし」を販売した。

第６部が終わったのが、朝５時過ぎ頃。観客の半分は戦後生まれの若者たちだった。朝の光を浴びながら帰宅する観客の心の中には、戦争時の状況がどのように残っただろう。

この作品は、その後も節目毎にテレビや松竹の映画館で一気上映をしている。戦争とはどういうものかを伝えるために、後世に残していきたい作品のひとつだ。

昭 45(1970) 年長野グランド劇場上映作品（前半）

	作品名	ジャンル	製作国	封切	日数	上映期間	人数	損益率
1	ネレトバの戦い	戦争	ユーゴ / 西独 / 米 / 伊	●	19	1/15 ～ 2/2	1,872	-70%
	銀嶺に帰れ	ドラマ	独 / 米					
2	ラブ・バッグ	コメディ	米	●	4	2/3 ～ 2/16	1,363	-37%
	怪盗大旋風	コメディ	米	●				
3	激戦地	戦争	伊	●	11	2/17 ～ 2/27	893	-20%
	地獄の一匹狼	アクション	伊	●				
4	ウェスタン	西部劇	伊 / 米	●	4	2/28 ～ 3/13	1,694	-13%
	ミニミニ大作戦	アクション	英 / 米	●				
5	ナタリーの朝	青春	米	●	17	3/14 ～ 3/30	5,055	29%
	天使のコイン	ドラマ	伊	●				
6	復讐の用心棒	西部劇	伊	●	7	3/31 ～ 4/6	510	-90%
	真昼の逃亡者	サスペンス	米	●				
7	枯葉の街	ロマンス	伊 / 仏	●	7	4/7 ～ 4/13	791	25%
	ラムール<愛>	ロマンス	仏	●				
8	ハロー・ドーリー	ミュージカル	米	●	11	4/14 ～ 4/24	1,589	5%
	ジョンとメリー	青春	米	●				
9	シシリアン	サスペンス	仏	●	21	4/25 ～ 5/15	2,990	-38%
	フォーミュラーワン	青春	伊	●				
10	雨の訪問者	サスペンス	仏	●	21	5/16 ～ 6/5	2,680	-56%
	冬のライオン	歴史劇	英	●				
11	**ある兵士の賭け**	**戦争**	**日**	●	21	6/6 ～ 6/26	3,848	0%
	抵抗の詩	ドラマ	ユーゴ	●				
12	クレオパトラ	歴史劇	米		12	6/27 ～ 7/8	1,831	15%
	姉妹	ドラマ	伊	●				

「ナタリーの朝」 東和
監督：フレッド・コー
出演：パティ・デューク
ジェームズ・ファレンティノ

「ある兵士の賭け」 松竹
監督：キース・エリック・バート
出演：石原裕次郎
デイル・ロバートソン

昭45(1970)年長野グランド劇場上映作品（後半）

	作品名	ジャンル	製作国	封切	日数	上映期間	人数	損益率
13	人類の恥部を剥ぐ！	ドキュメンタリー	伊	●	9	7/9～7/17	513	-39%
	黒豹は死なず	サスペンス	仏	●				
14	サウンド・オブ・ミュージック	ミュージカル	米		21	7/18～8/7	8,023	25%
15	ヨーロッパの解放	戦争	ソ連	●	21	8/8～8/28	4,636	21%
16	続　猿の惑星	SF	米	●	21	8/29～9/18	6,042	25%
	M★A★S★Hマッシュ	戦争	米	●				
17	パットン大戦車軍団	戦争	米	●	14	9/19～10/2	1,268	-44%
	栄光への賭け	スポーツ	英	●				
18	**アニメ クレオパトラ**	**歴史劇**	**日**	●	21	10/3～10/23	2,383	-115%
	荒野の大活劇	西部劇	伊／西	●				
19	ドクトル・ジバゴ	文芸	米／伊		14	10/24～11/6	2,381	17%
	哀愁	ドラマ	米	●				
20	サウンド・オブ・ミュージック	ミュージカル	米		14	11/7～11/20	2,246	11%
	雪わり草	ファンタジー	スウェーデン	●				
21	ひまわり	戦争	伊	●	21	11/21～12/11	3,720	11%
	ゼネレーション	ドラマ	米	●				
22	キャンディー	青春	伊／仏／米	●	7	12/12～12/18	661	-23%
	マジック・クリスチャン	コメディ	英	●				
24	**トラ・トラ・トラ**	**戦争**	**米／日**	●	49	12/19～2/5	**16,842**	15%
						損益率（損益÷興行料収入）		-3%

昭45(1970)年
上映作品割合

年間上映本数	45	
封切り	40	89%
再映	5	11%
米	14	31%
欧州	28	62%
(邦画)	2	4%

「ヨーロッパの解放」　松竹
監督：ユーリー・オーゼロフ
出演：ニコライ・オリャーリン
ラリーサ・ゴルーブキナ
ミハイル・ウリヤーノフ

「続・猿の惑星」　松竹
監督：テッド・ポスト
出演：チャールトン・ヘストン
ジェームズ・フランシスカス
リンダ・ハリソン
キム・ハンター

昭和45（1970）年、大阪で「日本万国博覧会」が開催され、日本中がお祭り気分に沸いていた。

何とかトントンで営業を続けていた長野グランド劇場もついに赤字に転落か…と覚悟をしたが、年末から始まり正月の目玉作品「トラ・トラ・トラ」が大当たり。

「トラ・トラ・トラ」は、日本軍の電信暗号略号。意味は、「ワレ奇襲ニ成功セリ」真珠湾攻撃に成功したことをモールス信号で知らせた一文である。

昭和16（1941）年12月8日の日本軍による真珠湾攻撃の全容を、日米合作オールスター・キャストで映画化した超大作。日本側の様子がつぶさに描かれているため一見すると日本映画のように思えるが、これはベトナム戦争さなかの米国映画だ。真珠湾攻撃を防げなかった米国軍の責任、政府の隠蔽体質など、米国側が自ら赤裸々に語っている。そのため、米国での興行成績は振るわなかったが、日本では熱狂的な人気を博した。

真珠湾攻撃についてのエピソードは、後の1976年「ミッドウェイ」、2001年「パール・ハーバー」などの映画になったが、

「トラ・トラ・トラ！」
昭和45（1970）年
20世紀ＦＯＸ
監督：リチャード・フライシャー
舛田利雄
深作欣二
出演：マーティン・バルサム
山村聡

これらを見比べると、米国映画が、人間心理の追求から過激なアクションへと偏っていく様がよくわかる。

それが良いか悪いかはともかく、やはり映画は、破壊の快楽より、心を揺さぶる心理劇のほうが私は好きである。

この年、ディズニー映画の封切りと、苦しいときの『サウンド・オブ・ミュージック』再映などで、なんとか踏みこたえてきた長野ピカデリー劇場は赤字が続き、閉館を決めた。

吉田から田町に出てから15年。昭和46（1971）年3月。私と妻が一番好きだった作品『二十四の瞳』の再映を最後に田町での映画興行の幕を下ろした。

昭和30年代まで多い時は4館の映画館を自営していたが、残ったのは「長野グランド劇場」だけになった。

「二十四の瞳」
昭和29（1954）年　松竹
監督：木下恵介
原作：壺井栄
出演：高峰秀子

昭 46(1971) 年長野グランド劇場上映作品（前半）

	作品名	ジャンル	製作国	封切	日数	上映期間	人数	損益率
1	ハロー・グッドバイ	ロードムービー	英	●	7	2/6～2/12	768	-8%
	この愛にすべてを	ドラマ	米	●				
2	燃える戦場	戦争	米	●	7	2/13～2/19	312	-119%
	雪山は招く	ドキュメンタリー	米	●				
3	チャイコフスキー	伝記	ソ連	●	24	2/20～3/15	8,780	32%
	天使のともしび	ドラマ	スウェーデン	●				
4	哀愁のパリ	ロマンス	仏／伊	●	21	3/16～4/5	3,758	33%
	モア	エロティック	ルクセンブルク	●				
5	**甦える大地**	**ドラマ**	**日**	●	7	4/6～4/12	203	-177%
	ナンバーワン物語	スポーツ	米	●				
6	性と愛カラー大百科	エロティック	西独	●	11	4/13～4/23	1,338	18%
	新・わたしは女	エロティック	スウェーデン	●				
7	夜の訪問者	サスペンス	仏／伊	●	24	4/24～5/17	4,708	6%
	リオ・ブラボー	西部劇	米					
8	ジェーン・エアー	文芸	英	●	21	5/18～6/7	3,998	22%
	わが青春のフローレンス	青春	伊	●				
9	おしゃれ泥棒	コメディ	米		14	6/8～6/21	1,878	14%
	風の季節	ドラマ	仏	●				
10	私は好奇心の強い女	ドキュメンタリー	スウェーデン	●	18	6/22～7/9	3,119	28%
	毛皮のビーナス	エロティック	西独／伊	●				

「チャイコフスキー」　ヘラルド
監督：イーゴリ・タランキン
出演：インノケンティ・スモクトゥノフスキー
マイヤ・プリセツカヤ
アントニーナ・シュラーノワ

「甦える大地」　松竹
監督：中村登
出演：石原裕次郎
司葉子
三国連太郎

昭46(1971)年長野グランド劇場上映作品（後半）

	作品名	ジャンル	製作国	封切	日数	上映期間	人数	損益率
11	ガラスの墓標	犯罪	仏／伊／西独	●	14	7/10～7/23	1,798	0%
	火の森	サスペンス	伊	●				
12	**小さな恋のメロディー**	**青春**	**英**	●	24	7/24～8/16	**14,437**	57%
	青い海と白い鮫	ドキュメンタリー	米	●				
13	新・猿の惑星	SF	米	●	21	8/17～9/6	6,000	41%
	バニシング・ポイント	アクション	米	●				
14	扉の影に誰かいる	サスペンス	仏	●	14	9/7～9/20	2,855	20%
	昨日にさようなら	ドラマ	英	●				
15	ヨーロッパの解放	戦争	ソ連	●	14	9/21～10/4	1,453	65%
	素晴らしきヒコーキ野郎	アクション	米					
	皆殺しのジャンゴ	西部劇	伊	●				
16	ソング・オブ・ノルウェー	伝記	米	●	11	10/5～10/15	747	-94%
	ベニスの愛	ロマンス	伊	●				
17	**栄光のル・マン**	**ドラマ**	**米**	●	35	10/16～11/19	**11,661**	28%
	新・荒野の用心棒	西部劇	伊／西班	●				
18	雨のエトランゼ	ドラマ	仏	●	14	11/20～12/3	1,004	-57%
	旅情	ロマンス	英					
19	小さな巨人	西部劇	米	●	14	12/4～12/17	857	-81%
	傷だらけの挽歌	犯罪	米	●				
20	**レッド・サン**	西部劇	仏／伊／西班		42	12/18～1/28	**13,594**	25%
	特攻大戦線	戦争	伊	●				
						損益率（損益÷興行料収入）		26%

昭46(1971)年上映作品割合

年間上映本数	41	
封切り	36	88%
再映	5	12%
米	14	34%
欧州	27	66%
日本（邦画）	1	2%

「哀愁のパリ」 東和
監督：ジョルジュ・ファレル
出演：ルノー・ヴェルレー
マリナ・ヴラディ
ドーン・アダムス

「夜の訪問者」 東和
監督：テレンス・ヤング
出演：チャールズ・ブロンソン
リヴ・ウルマン
ジェームズ・メイソン

昭和46（1971）年のヒット作3本を紹介しよう。

まずは「小さな恋のメロディ」。11歳のピュアで微笑ましい恋心を描いた現在でいうところのいわゆる学園純愛ものである。それまでのラブロマンス映画とは全く違う世界だった。主演のトレーシー・ハイドとマーク・レスターの屈託のない笑顔。それを冷やかしながらも応援する悪ガキたちの粋な計らい。純粋で恐れを知らない子どもたちが抱く、大人の常識への疑問には、大人はハッとし、子どもたちは拍手喝采。この映画は、制作本国のイギリスでは酷評され、アメリカでもヒットしなかったが、ビー・ジーズの主題曲と共に日本では大ヒットとなった。残念なのは、11歳の子どもたちを描いた作品なのに、R12の視聴制限がついていること。陰湿で出口の見えない〈いじめ〉が横行してる現代だからこそ、子どもたちに見てもらいた作品のひとつなのに、少し残念な気がする。

「栄光のル・マン」は、フランス郊外のル・マンで開催される24時間耐久レースをテーマにしたスティーブ・マックイーン肝い

「小さな恋のメロディ」
ヘラルド
昭和46（1971）年イギリス
監督：ワリス・フセイン
出演：マーク・レスター
トレイシー・ハイド
ジャック・ワイルド

りのカーアクション。この作品の影響で、日本で誰でも知っている有名外国車の名に「ポルシェ」と「フェラーリ」が君臨したといっても過言ではないかもしれない。

この年の暮れから正月にかけてヒットしたのが**「レッドサン」**。

三船敏郎、チャールズ・ブロンソン、アラン・ドロンの東西夢の競演が実現した西部劇である。

この頃、００７シリーズなどのスパイ映画が大流行していた。そんな中での西部劇、しかもちょんまげで刀を備えた侍（三船）が登場する異色の作品。監督が００７の初期を立ち上げたテレンス・ヤングということもあって評判を呼んだ。

翌、昭和47（１９７２）年は、ミュンヘン五輪が開催された年である。

「栄光のル・マン」 東和
昭和46（１９７１）年アメリカ
監督：リー・エ・カッツィン
出演：スティーブ・マックイーン

「レッド・サン」 東和
昭和46（１９７１）年　フランス・イタリア・スペイン
監督：テレンス・ヤング
出演：チャールズ・ブロンソン
アラン・ドロン　三船敏郎

オリンピックがある年は、皆そちらに関心が向き、映画興行成績は伸びないという曰く付きの年である。しかも、ヒット作なし。

長野グランド劇場は、開館以来はじめて赤字に落ち込んだ。

昭和 41（1966）年撮影

「稼げるときに、集中して稼ぐ」ということ

映画事業が苦戦するなかで、会社の経営を支えたのがボウリング事業。爆発的なブームに乗り、権堂の長野ボウルに続いて昭和44（1969）年　居町に中央ボウルを開設。昭和47（1972）年　ピカデリー劇場の跡にピカデリーボウルを開設。

この時、いままで全員で同居生活をしていた一族は、家族単位でそれぞれのビルに移り住むことになった。

当時私は働き盛りの44歳。長野県のボウリング場協会の会長も務め、各ボウリング場の垣根を越えて大会を開いたり、業界内の交流会や本場アメリカへの研修旅行を実施するなど、この新しいスポーツを広めようと躍起になっていた。「ボウリングは、スポーツ競技であることを広めたい！」単なる娯楽ブームで終わって欲しくなかった。いくつかのチーム（クラブ）を作り、定期的にリーグ戦を行い、自ら率先してクラブ活動に励んだ。

私が所属していたシルバークラブ　（昭和46年ごろ）

ピカデリーボウルは、当時人気絶頂の中山律子や須田開代子などのスタープレーヤーも度々訪れるなど、街の賑わいスポットとなっていた。ボウリングリーグのナマ中継が毎週ＳＢＣラジオで放送され、私も解説者として出演した。年越しの時には、オールナイトで営業し、私の妻が大鍋で作った年越しそばをふるまったり、カウントダウン・ボウリングで正月を迎えるなどの趣向も凝らした。

ピカデリーボウル外観（昭和末年頃）

　ボウリング場が市内に林立。１フロア１２０レーンのボウリング場も登場し、誰もがボウリングに熱中する。この社会現象となった状況がいつまでも続けばいいと思っていた。

　それから3年あまり……一気にボウリング熱が冷める。田町のピカデリーボウルを残し、２つのボウリング場を相次いで締めることにした。

ピカデリーボウル場風景（56 レーン）

ボウリング事業で実感したことは……。

ブームとか人気とかに左右される商売は、〝稼げるときに、集中して稼ぐ〟こと。稼げる波を素早くキャッチし、回収の見込みを予想して、最大限投資する。投資した分はできるだけ短期間に回収する。波が低くなる気配を感じたら、深追いせずに素早く撤退する。

この予想とタイミングを見誤らないことが肝心なのである。

昭和50（１９７５）年　長野ボウル閉鎖
営業年数９年間

昭和51（１９７６）年　中央ボウル閉鎖
営業年数７年間

閉館した2つのボウリング場に投資した分は、とうに回収できていた。

映画館が消えていく中で……

長野グランド劇場が初めて赤字に転落した翌年の昭和48（１９７３）年、市内の３つの映画館が消えた。映画最盛期に15館あった長野市内の映画館は、

相生座・長野ロキシー
長野中央映画劇場
千石映画劇場
長野東映劇場
長野グランド劇場

の５館になっていた。成人映画専門館やストリップ劇場へ転向した劇場もあったが、ほとんどが廃館である。大正時代から続いた演芸館は、火災のための全焼であった。

劇場名	開業		閉館	
相生座・ロキシー（旧：千歳座）	明治 25 年	(1892)		
長野演芸館	大正 7 年	(1918)	昭和 48 年	(1973)
長野活動館（旧：長野日活映画劇場）	大正 8 年	(1919)	昭和 37 年	(1962)
ニュー商工（旧：菊田劇場、商工会館）	昭和 2 年	(1927)	成人映画専門に転向	
長野中央劇場	昭和 23 年	(1948)		
吉田映画劇場	昭和 25 年	(1950)	昭和 37 年	(1962)
千石劇場	昭和 25 年	(1950)		
千石小劇場（旧：長野にっかつ劇場）	昭和 25 年	(1950)	成人映画専門に転向	
七瀬映画劇場	昭和 28 年	(1953)	ストリップ劇場に転向	
吉田セントラル劇場	昭和 30 年	(1955)	昭和 36 年	(1961)
長野映画劇場	昭和 30 年	(1955)	昭和 41 年	(1966)
裾花映画劇場	昭和 30 年	(1955)	昭和 38 年	(1963)
東劇	昭和 31 年	(1956)	昭和 48 年	(1973)
長野パレス（旧：長野スカラ座）	昭和 32 年	(1957)	昭和 48 年	(1973)
ピカデリー劇場（旧：長野第二映画劇場）	昭和 32 年	(1957)	昭和 46 年	(1971)
長野東映劇場	昭和 33 年	(1958)		
長野グランド劇場	昭和 41 年	(1966)		

昭和49（1974）年の夏、長野グランド劇場を救ってくれた男がいた。彼の名は、ブルース・リー。

この頃の映画は、概ね2本立てで、この時は、メイン作品がスティーブ・マックイーンの話題作「パピヨン」。サブで入っていたのがブルース・リーのアクションスター主演としての第1作目「ドラゴン危機一発」だった。

制作国の香港では1971年の公開時に大ヒットを飛ばしたが、カンフーにはまだ馴染みの薄い日本では、ほとんど知られていなかった。

ブルース・リーの映画が日本に初上陸したのは前年の昭和48（1973）年、リー主演の4作目「燃えよドラゴン」。リーが急死してからの公開だった。

当初はさほど期待される作品ではなかったが、公開するやいなや子どもから大人まで、すっかりブルース・リーの虜になる。

かつて、任侠映画を観終わった観客が映画館を出たら肩で風を切るように歩いたものだが、今度は、「アチョー！」で跳び蹴り

「パピヨン」東和
昭和49（1974）年フランス
監督：フランクリン・J・シャフナー
出演：スティーブ・マックイーン
ダスティン・ホフマン

「ドラゴン危機一発」東和
昭和49（1974）年香港
監督：ロー・ウェイ
出演：ブルース・リー

だ。学校ではヌンチャク遊びが流行り、どこにいっても男の子たちの「アチョー！」の声が聞こえた。このブルース・リーを一躍日本のスターにした「燃えよドラゴン」は、残念ながら長野グランドでの封切りではなかった。

日本公開2作目となったのが「ドラゴン危機一発」。しかも、単作でもロードショーができた「パピヨン」との同時上映だ。実は、リーはマックイーンの武道の師匠。そして、リーの下積み時代を支えてきたのがマックイーンだったのだ。

2本立てのカップリングは時としてドラマを生み出す。急死してからワールドスターになったブルース・リー。そして、彼を師と仰ぎ、彼の死を深く嘆いたマックイーン。この二人の男の2本立てをファンは見逃すわけがあるまい。長野グランド劇場開館以来の大ヒット、1週間で2万人を動員した。続いて上映した「ドラゴン怒りの鉄拳」も4日間で1万人。窒息寸前だった映画館が息を吹き返した。この年の年末、ドラゴン以上の怪物が現れた。いや、怪物ではない、どちらかというと妖怪だ。この本が読み物

「燃えよドラゴン」 東和
昭和48（1973）年　香港
監督：ロバート・クローズ
出演：ブルース・リー
ジョン・サクソン

「ドラゴン怒りの鉄拳」 東和
昭和49（1974）年香港
監督：ロー・ウェイ
出演：ブルース・リー
ノラ・ミヤオ

でなければ、ここでまず、音楽を聴いていただきたいところである。いやいや、タイトルを見ただけで音楽が聞こえてくるだろう。

世界中で物議を醸し出した**「エマニエル夫人」**。公開当初はソフトポルノの触れ込みだったが、ふたを開けてみると女性客が殺到。社会現象ともなったフランス映画だ。全編ソフトフォーカスの柔らかな映像。ポルノのはずなのに嫌らしさどころか、主演のシルヴィア・クリステルの無邪気で奔放な演技には清潔ささえ感じさせる。

この予想外のヒットは、女性たちの生き方が変わってきていることの象徴であるとも評された。事実このころから女性たちの開放意識が高まっていった…というのは都会の評価だけかと思っていたが、意外にも、長野でも女性客の反応は大きかった。

動員数は、「ドラゴン危機一発」を上回り、5週間で2万9千人。この記録は、昭和58年（1983）『フラッシュダンス」まで9年

「エマニエル夫人」 ヘラルド
昭和49（1974）年　フランス
監督：ジュスト・ジャカン
出演：シルヴィア・クリステル

間破られなかった。そういえば、「フラッシュダンス」も女性が世の中の常識から自分を解放して夢に一歩踏み出す映画だった。

近年でも「アナと雪の女王」が予想外にメガヒットした。むむ、これも女性が〝ありのままに〟自分を解放する話だ。どうやら昔も今も、女性の心を解き放つのがヒットの極意のひとつなのかもしれない。

ボウリング場が映画館になる

昭和50（1975）年代に入ってからの映画興行はコンスタントに年間2本以上のヒットに恵まれ、赤字になることもなくなった。

「エマニエル夫人」シリーズ3作品
「カサンドラ・クロス」などの
欧州映画のサスペンス
「グレートハンティング」などの
自然ドキュメンタリー
「未知との遭遇」「スター・ウォーズ」「エイリアン」
などの大型SFが次々とヒット。

これを機会に、長野ボウルを閉館してから5年間放置してきたビルの3階にもうひとつシアターを増やすことにした。

とはいえ、元々はボウリング場である。映画館のように天

「カサンドラ・クロス」 ヘラルド
昭和51年（1976）イタリア／イギリス
監督：ジョルジ・パン・コスマトス
出演：リチャード・ハリス

「スター・ウォーズ」 20世紀FOX
昭和53年（1978）アメリカ
監督：ジョージ・ルーカス
出演：マーク・ハミル
ハリソン・フォード

井は高くない。

ピンをセットする機械室のあたりにスピーカーとスクリーンを取り付け、ピンからアプローチ（ボールを投げるスペース）あたりまでが客席。ボーラー席とその後ろの通路あたりが映写室。

ちょうどこの映写室にしようとしているあたりの直下が、グランド劇場の映写室なので、床の一部をぶち抜き階段を作り、上と下を行き来できるようにした。

それにしても、天井が低いのはどうにもならない。上の映写室の一番高いところに窓を付け、そこから投影するのであるが、客席の最後列に少し背の高い人が立つと、頭の影がスクリーンに映ってしまう。

それでも客席は２００席ほどの立派なシアターにできあがった。

配給業界に反発「映画興行、や〜めた！」

そんな頃、ここまで燃やし続けてきた私の映画事業への熱を一気に消沈させた事件が起こった。

当時、映画の配給（売り手）と映画館のような興行主（買い手）の間では、絶対的に売り手市場であった。ヒット作品を手にしている配給会社の担当セールス（地区を担当する営業）に対して、興行主側は、何とかヒット作品を上映させてもらうために頭を下げ、接待をし、時には袖の下（バックマージン）を要求されることさえあった。

配給会社系列の映画館や大手の興行会社が配給会社に支払う映画料は、興行収入（入場料収入）の歩合制をとっていたが、長野グランド劇場のような地方都市の、しかも個人経営の映画館は、フラット料金（定額）の契約をする。その料金は定額といってもセールスの胸先三寸で決まることもあった。セールスのご機嫌を損ねると、無理な料金を押し付けてくる。長野グランド劇場では、ある洋画系配給会社の作品を優先して上映していたが、映画料金があまりにも高く、再三交渉していた時のことである。

「今までも、おたくの映画は、随分無理をしても上映してきたじゃないですか。もう少し便宜を図ってもらえませんでしょうか。この料金だと、どうやっても赤字になってしまいますよ。何とかなりませんか」とお願いしたところ…

「甘ったれるな！」

と罵声が飛んだ。

その瞬間、プッツン！　私の堪忍袋の緒が切れた。

そもそも、映画は商品、それを売るのが配給で、買うのが映画館のはず。映画作品自体は一品物ではあるが、たくさん買ってくれた方が儲かるのが配給だろう。当時私は55歳。当然分別がつく歳だったが、この不条理な世界にはほとほと愛想が尽きてしまった。

長野グランド劇場の興行成績は、地方都市の映画館としては良い方だった。

しかし、映画配給と地方の興行主との理不尽な関係に、どうにも我慢できず、シアターの増設工事が終わると同時に、長野グランド劇場は、東宝系の興行会社「東宝東部興行」（後に「東宝東日本興行」となり現在は「ＴＯＨＯシネマズ」）に、貸すことにした。

当時、東宝では北海道から九州まで六部興行と呼ばれる6つの興行会社を経営していた。「百館主義」を掲げ、全国の映画館百数十館を傘下に収めていた。これは、昭和25（１９５０）年頃から映画館を系列下にしておくことで安定した収益を得る東宝の戦略だった。今日、東宝が常に業界トップを走り続けている背景には、この頃確立した配給網の賜だろう。

長野でも、長野中央映画劇場（中劇）がこの傘下に入っていた。東宝の方針として、間もなく中劇からは撤退することを考えていたので、グランド劇場では、とりあえず東宝の洋画系作品の封切りをすることにした。

昭和56（１９８１）年３月「東宝グランド劇場１・２」として再スタート。

東宝東部興行からは、支配人と営業担当が赴任してきたが、映写技師やモギリなどのスタッフは、グランド劇場時代の従業員がそのまま残った。

映写技師の中には、長野映画劇場時代に入社し、すでに勤続25年の鎌田惣二郎君もいた。鎌田君はこの後も、平成18（２００６）年「東宝グランド劇場」が「長野グランドシネマズ」に移行するまで、映

写技師一筋で50年間フィルムを回し続け、後継の技術者たちに〝映写の神様〟と慕われた。

「グランドプラザ」大通りに向く

同じ年、長野グランド劇場の隣りでチンチン警報音を鳴らしていた踏切とガタンゴトンの電車が消えた。長野電鉄が地下に潜ったのだ。

昭和50年代から計画されていた都市交通政策の一環で、電車の線路が敷かれている土地を車道と歩道にし、長野駅からまっすぐ北へ浅川方面までが「長野大通り」になるのである。

昭和40（１９６５）年に、踏切横のお化け屋敷を買い取った時は、線路が大通りになる計画もなかったし、まさか、長野グランド劇場がその目抜き通りに面した一等地になることなど、まったく予想もしていなかった。

どうせやるなら〝好きなこと〟

「長野グランド劇場」を東宝東部興行に貸し、まもなく「長野ピカデリーボウル」もブランズウィック（現・スポルト）に貸すことにした。

30年あまり心血を注ぎ込んできた映画とボウリングの事業すべてを外部に託した。

その時、娘にひとこと言われた。

「お父さん、守りに入ったね」

あ、そうか、自分でも気づかなかった。

終戦の年、北海道から長野に移り住み、行け行けドンドンで事業を広げていった父が、「長野グランド劇場」オープンと同時に私に会社を託した歳が60歳。私はまだ55歳。まだ、できるじゃないか。

私には、時間ができた。

元来、余暇を楽しみに使うという意識が皆無なので、すぐに次の事業の構想を練り始めた。

せっかく新しいことを始めるのだから、自分自身が「こんなのがあったら嬉しい、便利だ」と思うことを実現させようと考えた。

この頃、グランド劇場の近くに「男性専用サウナ」ができた。物見遊山で入ってみると、なんとも気持ちが良い。

「よし、サウナをやろう」

ところが……

「それって風俗じゃないの、そんなの始めたら家出してやる!」

お年頃の娘たちは猛反対だ。どうも当時〇〇〇風呂と呼ばれていた男性専用の性風俗店と混同しているようだった。

「違うんだ、サウナは健康と美容にもいいんだ……」

いろいろ説明するが、なかなか理解してもらえない。

今では、スーパー銭湯や温泉施設にサウナがあるのが当たり前になっているが、当時の地方都市ではまだ珍しい。

とにかく体験させるのが一番だと思い、女性用もあった名古屋のサウナに妻を連れて行くことにした。初めてサウナに入った妻は、すっかり気に入った。

帰るやいやな、娘たちに熱く語る。

「サウナは、蒸し風呂で、フィンランドでは普通に家庭にあって……」

妻の説明は、なかなか説得力があった。

この健康サウナを長野で定着させるためにはどうしたらいいだろう。

広いサウナ室

高級感のある休憩室

ヨーロッパ調の浴室

長野グランド劇場の名前をつけた時、壮大で格調高いホテルのイメージを思い出した。

「そうだ、ヨーロッパの高級ホテルをイメージしよう。名前もサウナ・グランド・プラザがいい。」

水回りの設備にはかなりの費用がかかったが、それ以上に力を入れたのは、来場するお客さまが心地よく安心して休める空間づくり。施設全体をヨーロッパ調にそろえ、照明も安らぐ気分になる間接照明を凝らした。メインとなるサウナ室は、10人以上がゆったり横になれる広さをとり、浴室は古代ローマの浴場をイメージさせる内装を施した。

地元の方々はもとより、東京から出張に来るビジネスマンにも利用してもらえる。都会にも、こんなサウナはそうそうないだろう。私には自信があった。

ビルの大改造と同時に、2年後に開通する「長野大通り」を見越し、古びていた線路側の壁面を大改装した。市内にぼちぼち建ち始めた中層のオフィスビルからも目立つように、壁面にと

改装前

改装後

屋上に大きなネオンサインを付けた。

昭和56（1981）年12月「グランドサウナ」オープン

権堂は歓楽街なので、遅くまで飲んでいて、家に帰れなくなった地元の男性諸君も常連さんになった。新幹線が開通する前の長野は、ビジネスマンが出張にきたら日帰りが難しい。そんな出張客が便利に使ってくれた。目論みは的中した。

結婚してから私と二人三脚、経理から従業員の世話までこなし映画事業を支えてくれた妻も、映画興行をやめたことで新たに腕をふるう余力が生まれた。

業績が落ち込んだボウリング事業。「ボウリングに通ってくれるクラブのメンバーが、ゲームが終わった後に楽しめる場所にしたい」と、もともと料理が好きだった妻の意見を取り入れて、56レーンの内16レーンをつぶして軽食ができる喫茶店「メイプル」とパーティ会場を作った。業務用の食材選びから、パーティ料理にも工夫を凝らした。毎週開催されるクラブリーグの他にも、企業のレクリエーションや町の集まりなど、ボウリングゲームとパーティをパッケージにして団体客を募った。

グランド・サウナの料理にも力を注いだ。

「食べるものにもこだわりましょう。旬の食材を使った長野らしい食事を出しましょう」

妻は、国鉄（現・ＪＲ東日本旅客鉄道）で助役をしていた料理好きの実弟に調理師免許をとってもらい、料理長に迎えた。小さかった厨房を大きくして本格的な料理も出せるようにし、サウナの運営も実弟夫婦に預けた。

バブル景気に乗ってサウナは大変繁盛。この頃通ってくれたお客様は、ここでの食事を今でも懐かしがってくれる。

「心を込めたサービスは、人と人を結びつけ、それが困ったときに助け合える〝絆〟へとつながっていく」と、いつも妻は話していた。

儲かった時の金の使い方

経営者ならばわかるだろうが、事業を営む時に大切なのは、〝儲かったときは使う〟のが鉄則である。

節税対策はもちろんだが、儲けを次のステップにつなげるために使うのだ。

使う用途は、

1．汗水たらして頑張った**従業員への還元（人への投資）**

2．より営業成績をあげるための**設備投資**

3．落ち込みに備える**備蓄**

の順番である。

リーマンショック以降の近年は、どうもこの順番が逆転しているようだ。バブル崩壊時の再来を恐れ、まずは備蓄、最後に従業員への還元になっている。だから、政府がどんな策を凝らしても、備蓄が増えるばかりで、いつまでたっても景気は戻ってこない……と私は思う。

危険や失敗を恐れずに、前に進んできたからこそ、高度成長期もバブ

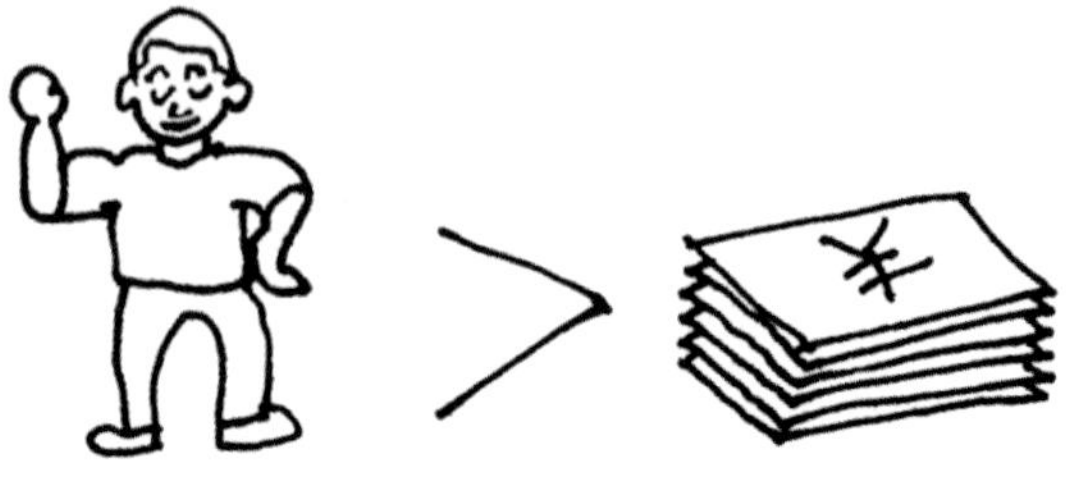

ル期もあったわけだし、それぞれの好景気時期が終息したときに残るのは、「人」であり、その「人」こそが、どん底から立ち上がる力になることを忘れてはいけないのである。「お金」は、あっというまに消えるが、精魂込めて付き合った「人」は残る。それを信じ、見極めていくのが企業のトップとしての器量ではないだろうか。

話をもどそう。

サウナを始めてから7年。営業も順調で資金も貯まってきた。

儲かった時に使う用途の2番目「設備投資」。これを機会に再びビルを大改装することにした。「東宝グランド1・2」の入口も長野大通り側に移し、サウナと入口を並べて、建物正面を全面的に大通りに向ける大工事だ。

実は、このビルには、まだ空いているスペースがたくさんあった。以前ボウリングが盛んだったころ、ボウリング場を

新装したグランドビル

広げようと隣接の敷地を購入しビルを増築したところでボウリングが下火になり、床壁天井がコンクリートのまま2階層分がそっくり工事途中のまま空いていたのである。このスペースも活かそう。ボウリングを始めたときと同じ発想、〝都会で流行り始めたが、長野ではまだないもの〟で見つけてきたのが「カラオケ」。

これも、今では当たり前のように繁華街なら全国どこでも点在しているが、当時はまだ、カラオケはスナックやバーなどの酒場で楽しむものだった。

余談だが、「カラオケ」とは、歌部分が入っていない（空《から》）伴奏だけの録音音源のこと。放送などで、生演奏では人手も経費もかかる場合、事前に伴奏だけ録音して、歌手や楽器ソロなどの演奏家が、その録音の伴奏に合わせて演奏する業界用語だった。ちなみに「カラオケ」はオーケストラーのメンバーが使っていた俗語で、放送局では、完全な録音のうち、ソロパートが入っていないことをさして「マイナス・ワン」と言われていた。

この頃、国鉄改革の影響もあり、貨物用のコンテナが市場に出回りだした。これを、カラオケ用に改造して関西や首都圏で人気が出始めていた。お酒を飲めない未成年も、女性グ

ループでも気軽に立ち寄れる「カラオケ・ボックス」。これは絶対受けるに違いない。今度も妻とふたりで視察に出向いた。

コンテナを改造しただけでは貧相だし、何より健全さに欠ける。うちでやるなら、高級感「グランド」のイメージを踏襲し豪華にしよう。

部屋は絨毯敷きで完全防音。設備は当時最先端だった通信カラオケ。各部屋にミラーボールを付け、曲に合わせた照明演出も楽しめるようにした。

平成元（１９８９）年、長野県初のカラオケ・ボックス「シンガー」誕生

ところが、オープンしてもなかなかお客さんが集まらない。現在なら、インターネットのブログやＳＮＳであっという間に流行は広がるが、１９８０年代はまだインターネットは世の中に出回っていない。

しばらくして都会での人気が上がり始め、徐々に会社帰りのグループなどから口コミでお客が入り出した。

半年ほどしてやっと長野にも「カラオケ・ボックス」文化が到達した。学生も、ママ友も、グループでこぞって「カラオケ」に興じる時代がきたのだ。

ボウリングブームの成功が、頭をよぎる。もう一発当てられる！

と、思いきや……。

ブームになるやいなや、市内のあちこちに「カラオケ・ボックス」が林立し始める。当初数年間はまずまずの収入をえられていたが次第に客の取り合いになり、一社独占の夢ははかなく消えた。

「カラオケ・ボックス」は、少ない投資で開業できる娯楽産業ということを忘れていた。ボウリングのように、設備に莫大な費用がかかる事業に比べ、カラオケは簡単な機材と場所があれば、安易に始められるのである。

ここで学んだ成功の秘訣は

〝地域で初めて、しかも、「誰でもができる」ことではないこと〟

をやらなければ大きな成功は望めない。

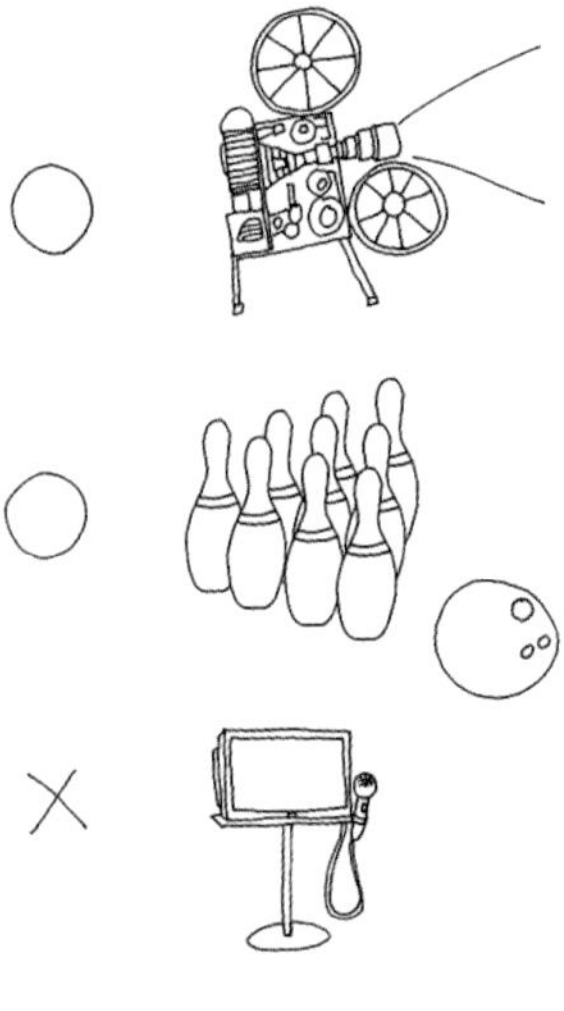

第5章　長野グランドシネマズ 誕生秘話

アニメが映画館を変えた

昭和56（1981）年に長野グランド劇場を東宝東部興行（後に東宝東日本興行）に引き継いでからおよそ25年。

その間の映画興行については、ほとんどタッチしていない。グランド劇場の賃貸料は、歩合制だったので、作品が当たれば、儲かったし、外れたら実入りは少ない。

その中でも、驚いたのはスタジオジブリ映画の出現だ。それまで、アニメは子どもの見るものと、いささか見下していたのだが、

平成９（１９９７）年**「もののけ姫」**８万人の大ヒット

続いて

平成13（２００１）年**「千と千尋の神隠し」**10万人超えのメガヒット。なんと長野市民の４人に１人は観たことになる。ジブリアニメの爆走はその後も続き、平成16（２００４）年**「ハウルの動く城」**

「もののけ姫」に並ぶ列

「千と千尋の神隠し」に並ぶ列

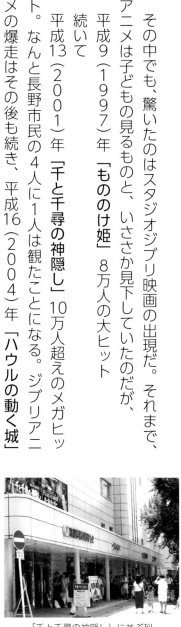

6万人強。平成26（２０１４）年に、社会現象ともなった「アナと雪の女王」が8万人に近づき、そして、平成28（２０１６）年、信州出身の新海誠監督の「君の名は。」が8万5千人強を記録した。

長野グランドシネマズができてから10年たった現在でも、昭和25（１９５０）年の開業以来一作品の入場者数記録のトップ5はアニメで占めている。昨今は、テレビドラマの映画化が話題となり制作される作品数も多いのは確かで、あたかも映画館は大きなテレビになったと思われがちだが、驚くことにメガヒットするのは、映画作品として錬られたオリジナル作品。おそるべしアニメ！

スタジオジブリのアニメは、「アニメは子どもが観るもの」という概念をすっかり変えた。アニメを観るために、子どもから大人まで、幅広い年齢層で男女問わず映画館に足を運ぶ。いままでは、映画館は映画好きの人が映画を観るために行くところ、または、お盆や正月に非日常のお祭りのように行くところだったが、この頃を境に、ファミリーレストランのように、誰でも何時でも、気軽に行けるところという位置づけに変わっていく。その傾向を助長したのがシネコンの登場である。

長野グランド劇場
長野グランドシネマズ
歴代興行成績トップ5

2017年6月現在

第1位　101,000人

「千と千尋の神隠し」 東宝
2001年
スタジオジブリ
監督：宮崎駿

第2位　86,000人

「君の名は。」 東宝
2016年
コミックス・ウェーブ・フィルム
監督：新海誠

第3位　81,000人

「もののけ姫」 東宝
1997年
スタジオジブリ
監督：宮崎駿

第4位　79,000人

「アナと雪の女王」 ディズニー
2014年
監督：クリス・バック
ジェニファー・リー

第5位　61,000人

「ハウルの動く城」 東宝
2004年
スタジオジブリ
監督：宮崎駿

映画館は、繁華街から郊外レジャーに変わる

シネコンは、シネマ・コンプレックス（複合型映画館）である。そもそも、１９６０年代の米国において、映画館の機能に必要な、ロビー、チケット売場、売店、映写室等の設備を複数のスクリーンで共有して効率を図ったマルチプレックスから始まる。その後、大型ショッピングモールの集客効果を狙ってシネコンを併設したことが成功する。日本に外資系の米国型シネコンが上陸した際にもこの形態をとっていたため、シネコンは郊外のショッピング・センターにあるものというイメージが定着した。同時に、ショッピング・センターは駐車場も広く、映画は車で郊外に行って観るものという習慣も、この頃に定着したのだろう。

かつて、映画館は繁華街にあるもので、特に地方都市では、子どもや女性だけで行くには憚《はばか》られるという古い感覚で見られていた。私の娘たちが子どもの頃、映画館の娘ということが、酒場の娘と同じに扱われ憤慨していたことがあった。酒場が悪いわけではないが、〝映画は芸術文化〟だと信じていた娘には、ショックだったのだろう。

〝映画は芸術文化でなければならない！〟という想いが、後に「長野グランドシネマズ」の計画へと結びついていく。

長野にシネコンの噂が……

平成５（１９９３）年に、神奈川県海老名市に本格的米国型のシネコンが初上陸した。複数のシアター（スクリーン）を持つマルチプレックスや商業施設の中の映画館はこれまで数多く存在したが、現在シネコンというジャンルにくくられる定義※6

1．複数のスクリーン（5以上）を同一の施設内に集約していること。
2．３つ以上のスクリーンを共有する映写室があること。
3．ロビーや売店、チケット売場、入口（もぎり）、映写室等を複数のスクリーンで共有していること。
4．映画館としての名称は1つであるか、もしくは複数のスクリーンで統一性を持っていること。
5．完全入替制を採用し、定員制か全席指定席制を併用することで立ち見がないこと。

これらを満たすシネコンが日本に誕生したのが平成５（１９９３）年、当時の海老名市の人口や立地などを考えると、とてもシネコンなど成り立たないと考えられていたが、１スクリー

※6　通商産業省が１９９８（平成10）年にまとめた『映像産業活性化研究会報告書』と日本映画製作者連盟が発表する「日本映画産業統計」の定義より

ン当たりの興行収入が当時の全国平均を上回る予想外の成功を収めた。

　この海老名のシネコンの成功がきっかけとなって、斜陽産業と言われた映画界は息を吹き返す。外資はもちろん、国内の映画各社も平成に入り、シネコンの建設に次々と取り掛かっていった。


　それから約10年、県庁所在地でシネコンがなかったのが、山形市と長野市のみとなっていた。

　当然、大手興行各社は、長野市への進出にも大いに興味を示していた。

　そのころ、テレビの世界でもデジタル放送への移行に伴い、大規模な設備改修を余儀なくされていた。長野の大手放送局・信越放送も例外ではない。デジタル化と同時に、開業当時から親しみ、通りの名前にまでなっていた吉田の地を離れ、中心市街地の百貨店跡に、本社社屋・放送機能すべてを移転することが決まっていた。中心市街地にこの建物を建設するにあたり、その付置義務としてある程度の規模の駐車場が必要となる。信越放送では、本社社屋前の幹線道路（昭和通り）を挟んだ反対側に、テナントスペースを備えた駐車場を検討していた。

　そのテナント誘致に信越放送が声をかけたのが外資系のシネコンだった。映画興行の世界は狭い。その噂は、直ぐに耳に入った。

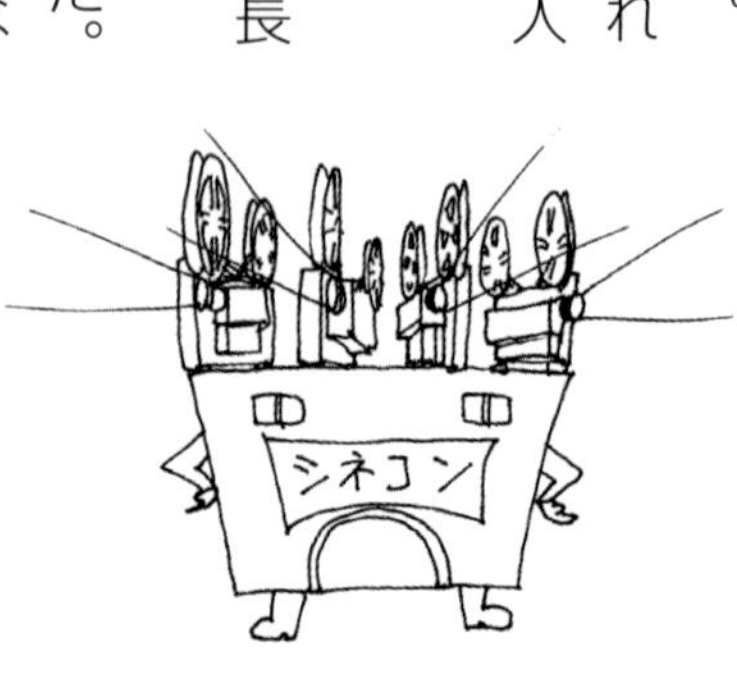

私たち、シネコンやりましょ。

長野市にシネコンができたら、市内の既存映画館は全滅する。

これまでの10年間、シネコンができたことで潰れた映画館がどれだけあったか。しばらくの間、映画館運営に直接関わらなくなっていたとはいえ、その状況は東宝からも聞き及んでいた。

もちろん、東宝も長野にシネコンを出すことの検討はしていたようだが、外資系に先手をとられたわけである。

さて、弱ったな。市内の既存映画館の関係者に話をすると、

A劇場は「シネコンができたら、うちは閉めるよ」

B劇場は「ダメになるまでは続けるけど……」

C劇場は「まぁ、とりあえず、なるようになるしかないかな」

という意見だった。

市内の既存映画館は、どこも建物や設備が古く、それを改修してまでシネコンに対抗しようという声は上がらなかった。

再び、さて、弱ったな。うちはどうする。

中心市街地に外資系のシネコンができても、郊外に東宝がシネコンを出しても、「長野グランド劇場」は、たぶん潰れるだろう。

思案しているときに、すでに中谷商事の経営に参加していた次女と、会社の財務を握っていた妻と、東京で企画会社を立ち上げていた三女が……。

「なんか、悔しいよね」

「せっかく長野に映画文化を広めようとがんばってきたのに」

「地元の映画館に声もかけず、いきなり何の縁もない外資系に持ってかれるなんて」

「反対運動起こそうか」

「それより、うちでやったら。お母さん、お金なんとかなる」

「お金は何とかなる」

「そうだよ、借金してもやろうよ」

「大丈夫、お母さんが嫁に来て以来、次から次へ新しいことやってくれたので、借金がなくなったことはなかったけど、50年間なんとかなったから」

「そうだよ、大手のチェーンじゃなくて、長野ならではのシネコン作ろうよ!」

わが家の女性陣は、誰に似たのかパワフルだ。

私も齢75になっていたが、彼女たちに負けてはいられない。生

涯最後になるであろう勝負にでることにした。

立地決定に紆余曲折

まずは、信越放送への交渉である。ちょうど、長野高校時代の後輩・林君が信越放送の副社長をしていたので、彼を窓口に交渉を始めた。

こちらのバックには東宝がついている……と、東宝の看板をちらつかせたら、外資系のシネコンは意外とあっさり手を引き、私たちがまな板の上に乗った。

次は、予定地に本当にシネコン建てられるかの検討だ。

どうせ建てるなら、本格的なシネコンにしたい。長野県内には、山形村のショッピングセンターの中に、小ぶりのシネコン（6スクリーン）があるだけで、長野市内はもちろんのこと、地方都市の中心市街地で、ショッピングセンターを絡めない、単独の大規模シネコンはまだ存在していない。

まずは、シネコン設計の経験がある東京の建築事務所に相談した。

予定している敷地を想定して、図面を引いてみる。付置義務の駐車場にシネコンを入れると広さが足りない。隣りの土地を買い入れ、敷地を広げる交渉にあたったが成立せず、この案もボツ。

運営効率は悪くなるが、シネコンを2層にして検討する。その分建築費も上がってしまうが致し方ない。

ある程度構想が固まってきたところで、信越放送との間の賃貸借料の検討に入った。信越放送も、本社の建て替え、デジタル設備の投資などなど経済的に厳しい状況であった。シネコンの賃貸料は、大きな収入になると目論むのは当然のこと。しかし、シネコン側としても、映画の設備投資には1スクリーンあたり1億円かかるのが相場で、しかも2層になることで運営経費もかさむ。高い賃貸料では先が見通せない。

そんなこんなの交渉が続き、どうしても互いの利害があわず、断念することになってしまった。

再々、さて、弱ったな。

ここにシネコンができなくても、いずれ郊外にできることは間違いない。長野市の商圏では、2つシネコンがあったら共倒れになる。

止めるか、他の場所を探して進むか……。とりあえず、シネコンの集客に駐車場が必要になることは予想できたので、

市街地で大きな駐車場があるところを探し歩いた。郊外のシネコンのほとんどは、広大な駐車場を持つショッピングセンターの中にある。しかし、市街地となると数百台を同時に収容できる駐車場は限られる。

まず、目を付けたのが、長野駅前。東急百貨店の集客用に、駅周辺にはかなり大きな駐車場があった。しかし、肝心のシネコンを建てる土地が見つからない。

さて、弱った。シネコンをやるなら、どうしても中心市街地がいい。郊外の町・吉田で映画館を始めてから常に頭にあった「映画館は市街地・繁華街でなければならない」という概念が頭から離れない。待てよ。もう一つ、あった。しかも、目と鼻の先に。

長野グランド劇場と同じ権堂に長野電鉄の大きな立体駐車場があった。そして、その隣には、同じ長野電鉄の土地で、ずいぶんと長い間、建物も建たず平地の駐車場になっている土地がある。さっそく、次女・冨美子（現・中谷商事社長）と、我が社の本社事務所のあるピカデリービルから歩いて3分のその場所に行った。当然ながら、そこには「売り地」とも「貸し地」とも書いてない。

平地の駐車場を、歩幅で測りながら一周してみた。

「これ、いけるんじゃない」

「ちょっと狭いけど、２層にすれば何とかなるかもしれないなぁ」

「長野大通りの角だし。更地だし」

昭和30（１９５５）年、田町に長野映画劇場を、昭和41（１９６６）年、権堂にグランド劇場を建てた。今度の場所は、まさにそのちょうど真ん中に位置する。これも何かの縁かもしれない。

早速、長野電鉄の笠原社長に面会を申し出た。

「いい話ですねぇ。私たちも長年あの土地で何が出来るか思案していたんです。大通りの角で、我が社の虎の子ですから、町の活性化にもつながるものがないかと……」

笠原社長は、快く検討することを約束してくださった。

ほとんど間を置かず、この計画を進めたいとの返事が返ってきた。

ところが、この話が伝わったか否かはわからないが、ほぼ同時に信越放送から、「やはりもう一度検討させてほしい」との連絡が入る。

さて、弱ったな。信越放送も長野電鉄も、どちらも長野では超

有力企業だ。私たちのような零細企業では、どちらになっても、地元では遺恨を残すことになりはしないか。条件だけでは判断できない。このジャッジに対応できるのは……

「そうだ、東宝だ！」

長野グランド劇場を「東宝グランド」として20年間営業を続けてきたパートナーの東宝東日本興行（元・東宝東部興行）の小川喜庸社長に、どちらにするか決めてもらうことにした。

もともと、東宝でも長野でのシネコン参入を検討していたところだったので、全面的に東宝東日本興行と中谷商事がタッグを組んでシネコン事業に乗り出すことを前提に、２つの場所のどちらにするか検討していただいた。

その結果、決まったのが、長野電鉄の用地だった。

隣りには、長野電鉄の立体駐車場がある、通りを挟んでイトーヨーカドー、衰退している権堂町の活性化にもつながる。何より、長野グランド劇場とは目と鼻の先である。グランド劇場がシネコンになって新装開店しても、お客さんにはわかりやすい。

まるで、ここにシネコンが建つことを何十年も待っていてくれた

ような土地だ。

父の時代から50年以上、度々、出会ってきた「縁」と「運」。私たちは、決して信心深い方ではないが、今度も神様が巡り合わせてくれたと天に向かって手を合わせた。

建物本体は、長野電鉄が建築し、シネコンの内装・設備は中谷商事が建築するという分担が決まる。できるだけ地元の力で造りたいという娘たちの希望で、建物建築は北野建設にお願いすることにした。

シネコン事業は、80歳近い私が考えるより、娘たちに任せることにした。

次世代へ繋ぐ

昭和25（1950）年、見よう見まねで始めてから半世紀。激動の昭和をただがむしゃらに映画と共に生きてきた人生だった。浮き沈みの激しい映画興行の世界で、ここまでやってこられたのは「運がよかった」からだと思っている。常に他と違うことをやらなければという探究心と負けてたまるかという競争心が「運」を呼んだのかもしれない。それとやはり、良いも悪いもあらゆる意味においての人との出会いだろう。

厳しい状態に陥ったとき、後ろ向きに悔やんでばかりいたのでは、それまでやってきたことは無になる。あきらめずに前を向いて先を見続けることで何かが見えてくるものだ。

末筆に、次世代に残す言葉を書き留める。

これまでやってきて一番励みになったことは、お客さんの喜んでくれる姿。期待を膨らませ行列を作るお客さん。映画を見終わって満足そうに帰っていくお客さん。これらの情景を作りだすことは、シネコンになっても変わらない、映画興行者がめざすことの基本だと思う。

効率化、経済性を追求するのがシネコンの由来であることは承知しているが、それが一番になってはいけない。

〝お客さんを喜ばせることが映画興行を社会に活かせる最大の策であることを忘れてはならない。〟

ジュゼッペ・トルナトーレ

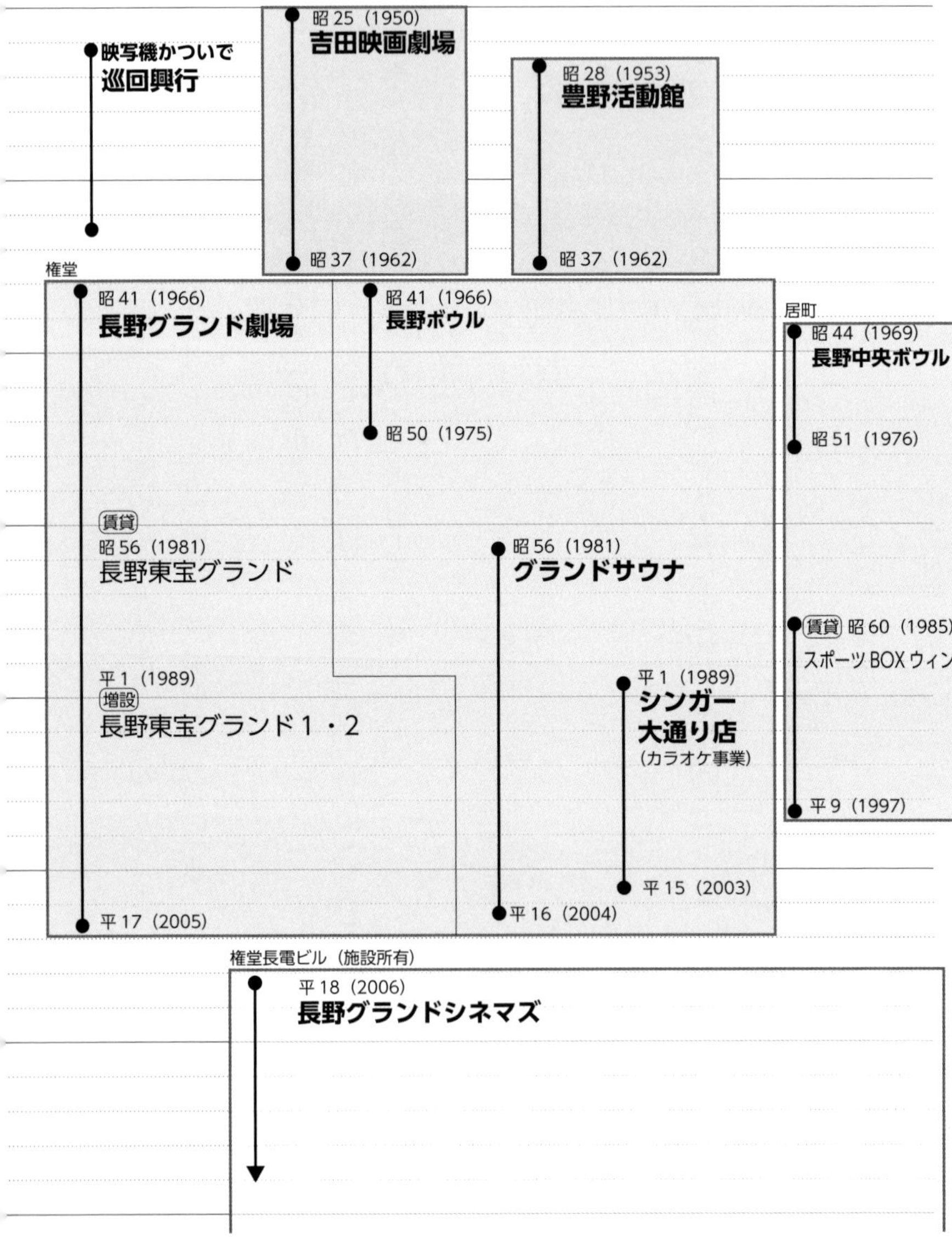
映写機かついで
巡回興行
昭25（1950）
吉田映画劇場
昭37（1962）
昭28（1953）
豊野活動館
昭37（1962）
権堂
昭41（1966）
長野グランド劇場
昭41（1966）
長野ボウル
昭50（1975）
居町
昭44（1969）
長野中央ボウル
昭51（1976）
賃貸
昭56（1981）
長野東宝グランド
昭56（1981）
グランドサウナ
賃貸 昭60（1985）
スポーツBOXウィン
平1（1989）
増設
長野東宝グランド1・2
平1（1989）
シンガー
大通り店
（カラオケ事業）
平9（1997）
平15（2003）
平16（2004）
平17（2005）
権堂長電ビル（施設所有）
平18（2006）
長野グランドシネマズ

中谷商事 事業の系譜

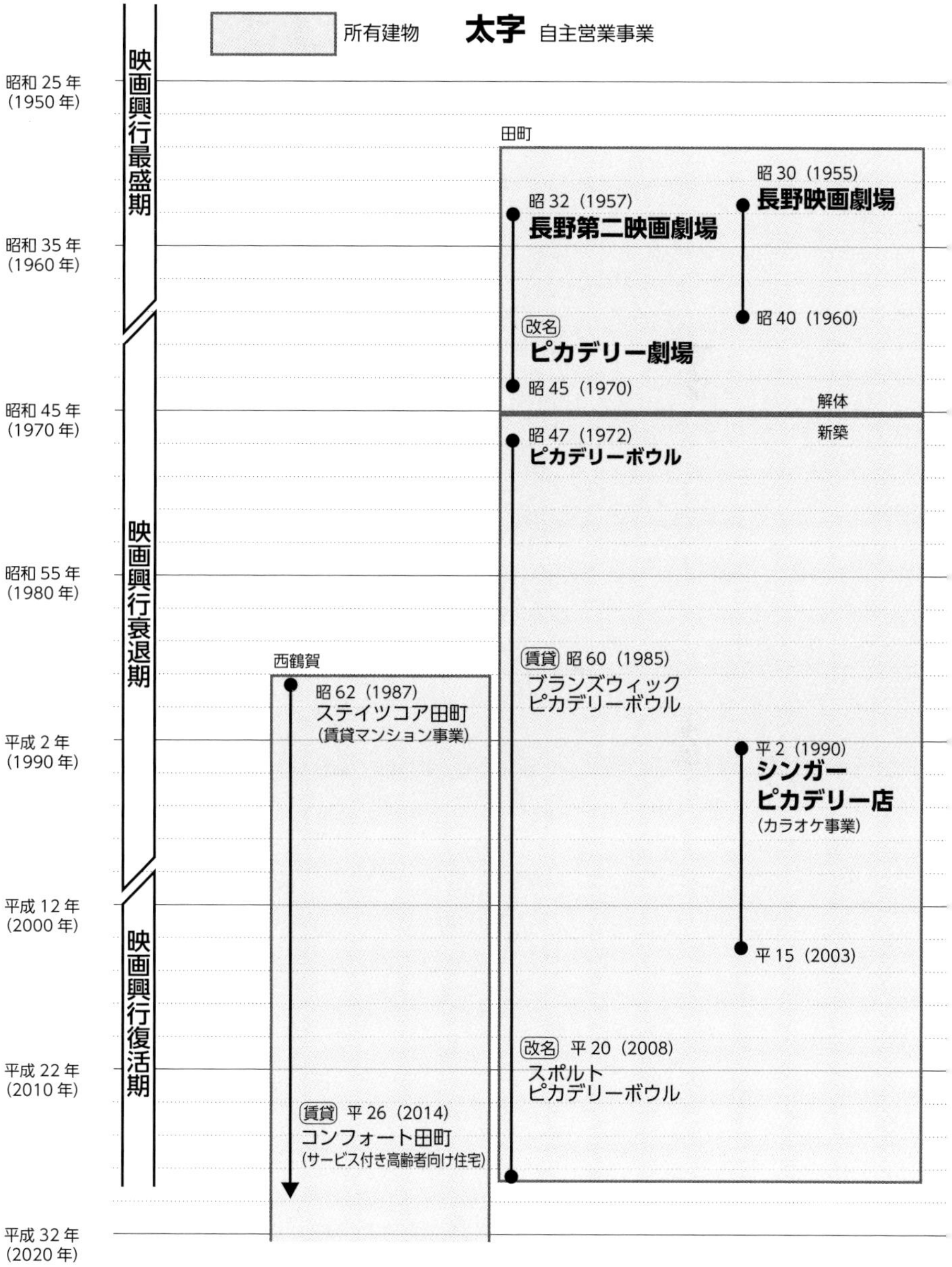
所有建物
太字 自主営業事業
昭和25年（1950年）
昭和35年（1960年）
昭和45年（1970年）
昭和55年（1980年）
平成2年（1990年）
平成12年（2000年）
平成22年（2010年）
平成32年（2020年）
映画興行最盛期
映画興行衰退期
映画興行復活期
田町
昭30（1955）
長野映画劇場
昭40（1960）
昭32（1957）
長野第二映画劇場
改名
ピカデリー劇場
昭45（1970）
解体
新築
昭47（1972）
ピカデリーボウル
賃貸 昭60（1985）
ブランズウィック
ピカデリーボウル
平2（1990）
シンガー
ピカデリー店
（カラオケ事業）
平15（2003）
改名 平20（2008）
スポルト
ピカデリーボウル
西鶴賀
昭62（1987）
ステイツコア田町
（賃貸マンション事業）
賃貸 平26（2014）
コンフォート田町
（サービス付き高齢者向け住宅）

第2部　映画の歴史と長野市内映画館のあゆみ

移動映画に間に合わせるため、映画
フィルムを汽車の窓から落とす

第１章　長野の映画館誕生期

映画興行の開始

映画の歴史は、アメリカのエジソンが１８９１（明治24）年に発明した「キネトスコープ」から始まる。この「キネトスコープ」は、観客が箱の中をのぞき込み映像を見るもので、観客１人が１台使うため、同時に大勢が見ることはできなかったが、写真とは違い写されたものが動くということで、人々を驚かせた。

エジソンの発明から４年後の１８９５（明治28）年12月28日、フランスはパリのあるカフェの地下室で、リュミエール兄弟が、「シネマトグラフ」と呼ぶ、映画上映を有料で行った。これが本格的な世界初の映画上映となった。

リュミエール兄弟は「キネトスコープ」を改良、スクリーンに動画を投影することによって、一度に大勢の人が映像を楽しむことが出来る点で、画期的な発明となった。この日上映された

エジソンのキネトスコープ

映画は、「工場の出口」という工場から人々が出てくる姿を撮影したわずか数分のドキュメンタリーであったが、人々は初めて見る動画に興奮し、以後リュミエール兄弟の撮影した実写映画が熱狂的に迎え入れられた。

世界のこうした動きの中で、日本では明治29年、神戸でエジソンの「キネトスコープ」上映が始まり、続いて翌30（１８９７）年1月には、稲畑勝太郎（現稲畑産業創業者）により、京都電燈株式会社の本社庭で初めて試写会が行われた。さらに稲畑は、翌2月に初めての有料上映会を大阪の南地演舞場で行っている。したがって、本格的な日本の映画上映はこの時をもって始められたと言える。

稲畑は、15歳で京都府派遣留学生としてフランスのリヨンに渡仏経験を持ち、後にフランスに渡った際に、留学時代の友人リュミエール兄弟の兄から「シネマトグラフ」の装置2台とフィルム、その興行権を買い取り、撮影技師兼映写技師のコンスタン・ジレルを伴って帰国した。しかし、この映画興行に意欲を示した稲畑であったが、あまりに巨額な資金をつぎ込んだことから映画上映とその製作から手を引くこととなった。

その後、小西商店（現コニカミノルタ）の社員浅野四郎が、ドキュメンタリー映画を撮影し、上映するなどの試みを行い、明治32（１８９９）年、芸者衆が集団で踊る「芸者の手踊り」を東京歌舞伎座で上映した。さらに、当時の世間を騒がせた拳銃強盗を題材に「ピストル強盗清水定吉」という日本初の劇映画が上映され、話題を呼んでいる。

これまでの映画は、音声のない「サイレント映画」で、その大半は台本などがない活動写真と呼ばれる実写映画であった。

明治36（１９０３）年、貿易会社であった吉澤商店が、活動写真の上映を常設とする映画館を東京浅草六区に「浅草電気館」の名前で開設する。これが日本初の映画館の誕生となった。さらに同商店は明治41（１９０８）年1月、東京府荏原郡目黒村下目黒の目黒駅前に、「吉沢商店目黒行人坂撮影所」を建設、日本初の映画撮影所が開設された。

こうして明治末頃までに、サイレント映画は人々の興味をかき立て、実写映画から進み、台本が作られ、プロの俳優たち、さらには多くの職人たちの手による劇映画の製作へと邁進することになった。

芝居小屋で活動写真を上映

このような活動写真発展の動きは、長野でも呼応した動きとなっていったのであろうか。

江戸時代、善光寺境内には、参拝客をあてこんだ見世物小屋がいくつか立てられていた。そ

善光寺本堂近くにあった三幸座
（『写真にみる長野のあゆみ』より転載）

明治 25 年 11 月、鶴賀村権堂に開かれた
千歳座（小林一郎氏蔵）

の内、鐘楼近くには常磐井座があったが、明治19（1886）年、善光寺境内の東北に位置する「みゆき橋」のたもとに移転、「三幸座」と名乗った。みゆき橋は、明治11年、天皇行幸のために設けられた橋で、常磐井座はそれに因んで「三幸座」と命名したという。

これに対抗して鶴賀村権堂に明治25年11月、「千歳座」が開かれた。権堂は、善光寺参詣後の精進落としの場として栄え、東に進むと鶴賀大門と呼ぶ遊郭が設けられていた。千歳座はそうした地の利を生かし、芝居、旅回りの歌舞伎、芸者の踊りなどで人気を呼んだ芝居小屋であったが、次第に映画上映も行うようになっていった。

したがって明治半ばには、三幸座と千歳座という二つの芝居小屋が、庶民の娯楽の殿堂としてしのぎを削っていたことになる。

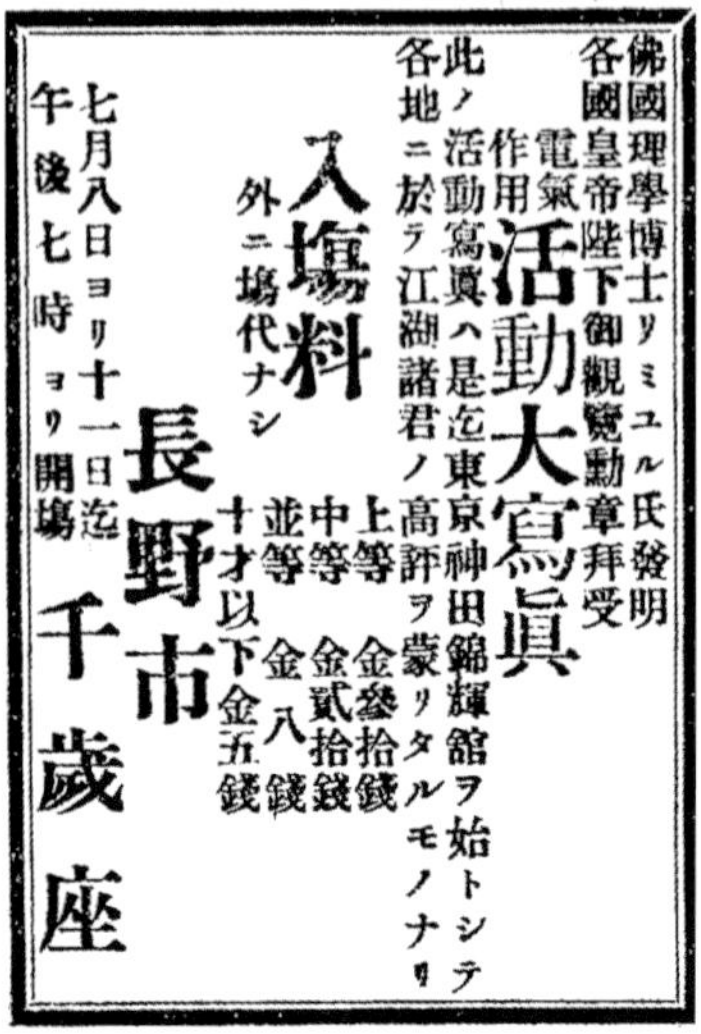
佛國理學博士リミユル氏發明
各國皇帝陛下御觀覧勲章拜受
電氣作用活動大寫眞
此ノ活動寫眞ハ是迄東京神田錦輝館ヲ始トシテ
各地ニ於テ江湖諸君ノ高評ヲ蒙リタルモノナリ
入場料
外ニ場代ナシ
上等　金參拾錢
中等　金貳拾錢
並等　金八錢
十才以下金五錢
長野市　千歳座
七月八日ヨリ十一日迄
午後七時ヨリ開場

活動大写真の上映を予告する『信濃毎日新聞』明治30年7月8日付

明治30年7月8日から同11日迄、千歳座で長野初の活動写真の上映が行われた。大坂南地演舞場で稲畑勝太郎が、日本初の映画上映を行ってからわずか5か月後のことであった。

7月8日には、『信濃毎日新聞』に予告広告が掲載され、次のように記されている。

「仏国理学博士リミユル氏発明／各国皇帝陛下御観覧勲章拝受／電気作用活動大写真／此ノ活動写真ハ是迄東京神田錦輝館ヲ始トシテ各地ニ於テ江湖諸君ノ高評ヲ蒙リタルモノナリ」

として、入場料が上等30銭、中等20銭、並等8銭、10歳以下の子どもは5銭となっている。この明治の半ば頃は白米1升が15銭で、学生が1日に食べる白米は5合平均であったというから、この活動写真の観覧料は結構高いものだったと言える。

さらに7月10日付け同紙には、記者がその映画を鑑賞した感想が一段半にわたり克明に記され、その感動ぶりが伝わって来る。少し長くなるが、その記事を引用してみよう。

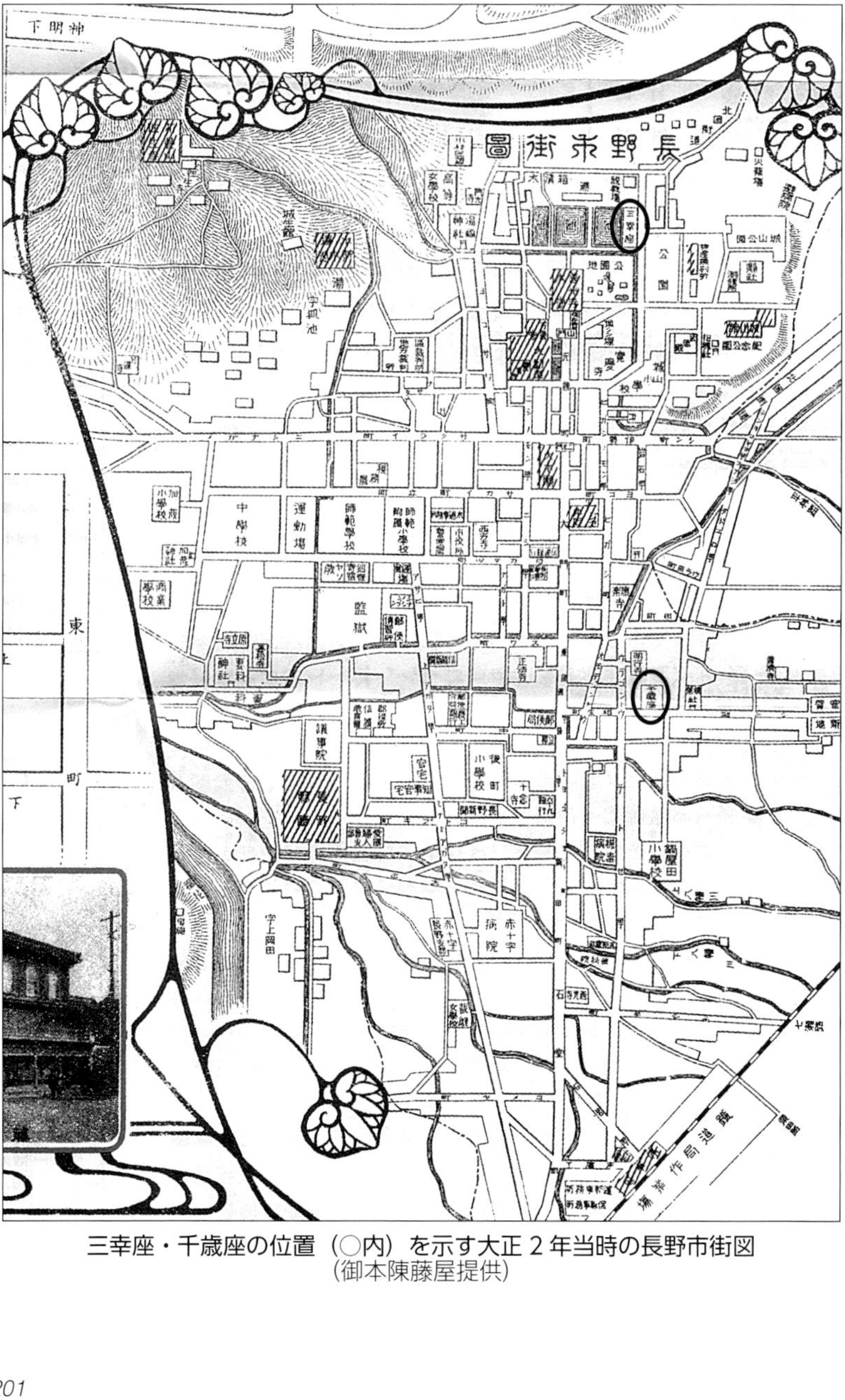

三幸座・千歳座の位置（○内）を示す大正２年当時の長野市街図
(御本陳藤屋提供)

活動写真漫評

予記の如く一昨夜より長野市千歳座に於て開会、雨天にも拘はらず珍しきことゝて我先にと詰懸たる参観人は場内に充満せり、楽隊二三の楽を奏したる後、会員、開会の辞として同器具の発明に関する件及び先頃　皇太子殿下の叡覧を賜ひ又今度高崎五十連隊の賞覧を得たる名誉あるものたることを述べ夫より映写を開始せり今目撃せし所に就き漫評を試みんに左の如し

一美人の踊　実際の踊りを観るの感あり殊に衣裳の三回変りたる抔甘く出来たり

二騎兵の進軍　最初途に森林を見せ後其間より徐々に騎兵を顕はし来れるが次第に大きくなり又数を増し正面に来つて迂回する所に至りては白馬、黒馬、相交りて其首を振り鬣を動かす点も判然と顕はれ真箇に実物の進行し行くが如く只其蹄声を聞かざるを恠むのみ、奇絶、妙絶、満場の看客は云ひ合せたるかの如くに拍手し我知らず喝采し千歳座も為に割んばかりなり

三巴里の市街　忽ちにして而して三階の鉄道馬車忽ちにして而して美人、忽ちにして而して紳士、疾走するもの、緩歩するもの、北に向ふもの、南に去るもの、千差万別、日本で云へば銀座通りを目の前に看るの感あり（以下略）

以下、「四海水浴」「五踏舞（舞踏）」「六床場」「七歩兵の進軍」「八少年の運動」「九南京虫征伐」「十料理屋の喧嘩」「十一倫敦停車場」「十二画工美人を描く所」「十三里昂の市街」「十四セルバンチンの踊」と14本の実写映画（おそらく1本数分）が上映され、記者は「（これらの

映画が）拍手を以て迎へられ、喝采を以て終れるものは実に此活動写真なり（後略）」と結び、観客の興奮がすさまじかったことを伝えている。

明治30年4月1日に長野市は市制を施行、いわゆる善光寺町と呼ばれていた区域が長野市になり、人口は3万人ほどであった。おそらくこの市制施行を記念して、当時話題になっていた活動写真の上映が目論まれたことであろう。

その後、明治34（1901）年1月1日から8日まで千歳座では、前年に行われたパリ万国博覧会とパリオリンピック、さらに同年に勃発した中国の義和団の乱などニュース映画的活動写真が上映されている。この上映も連日、満員大盛況の様相を呈した。

一方、三幸座では明治42（1909）年9月に、フランスのニースやリヨンの町の風景や生活、さらに「佐倉宗五郎の一代記」などの活動写真が上映された。千歳座では同年七月に、東京で人気を博していた木下吉之助一座の芝居を写した活動写真を上映している。サイレント映画であったため、活動弁士と呼ぶ語り手が筋書きを語り、弁士の話術の巧みさが観客を活動写真にいっそう近づけることとなった。

長野演芸館（山口高治郎氏所蔵）

大正時代、長野に相次いで常設の映画館誕生

大正時代に入ると、活動写真は、次第に庶民の娯楽の主役になっていった。それに伴い、活動写真を常設で上映出来る小屋、つまり映画館の建設が望まれるようになった。大正３（１９１４）年、善光寺の東南にあたる東之門町に「長野演芸館」が開館、活動写真の常設小屋として、市民に歓迎された。

同年９月29・30日には、信濃毎日新聞社主催の映画上映会が三幸座で開催された。大正期に入って欧米からの輸入映画も積極的に上映されるようになっていたため、１９０５年に発表されたポーランドの作家ヘンリック・シェンキェーヴィチのノーベル賞受賞作品『クオ・ワディス』を映画化した作品が上映され、大きな反響を呼んだ。

この時の入場料は特別席が50銭、普通20銭、生徒15銭、児童10銭であった。さらに信濃毎日新聞社は翌４年６月にビクトル・ユーゴ原作の「噫無情」を、さらに同年10月には協賛の形でイタリア映画「アントニーとクレオパトラ」を千歳座で上映している。

その後、長野演芸館は、上林温泉で仙寿閣旅館を経営し、大正13年から同15年まで長野市議会議長を務めた豪商塚田嘉太郎が社長に就任、専務に同じく豪商の久保田房次郎が就くなど、長野市の有力者たちが出資して、大正６（１９１７）年12月25日、株式会社長野演芸館を設立、本格的な映画館経営に乗り出した。

長野演芸館の立地は、善光寺と花街権堂を結ぶ線上にあり、善光寺参詣を終えた参拝客らも取り込むことができたため、その業績を大いに伸ばした。

開館時の相生座　（演芸館の看板が掲げられている）

順調な経営をみせた長野演芸館は、続いて大正８年４月19日、業績が伸び悩んでいた老舗の芝居小屋千歳座を買収、「相生座」と名称を改め新たに映画館として出発させた。「相生座」は町名相生町から取られたものである。

しかし、相生座発足から間もない４月30日、長野演芸館は、火災で焼失したが、すぐ再建されている。

相生座のオープンに際しては、当時の映画会社日本活動写真株式会社（日活）から大緞帳が贈られている。

日活は、当時の横田商会・吉沢商店・Ｍ・パテー商会・福宝堂の４つの映画会社が合同して作った日本初の本格的な映画会社であった。

活動写真は初期の頃の実物を動画で写す段階から、歌舞伎などの芝居を写す段階を経て、大正時代に入ると本格的な映画的技法や俳優を使った劇映画が作られるようになっていった。明治末頃から活躍する尾上松之助は、百数本の活動写真に出演、時代劇スターとして「目玉の松ちゃん」の愛称で人気を博した。

新派の俳優だった井上正夫が監督した「大尉の娘」（大正６年度製作）は、初めて顔のクローズアップや、カメラの移動撮影など今日の映画的手法をとりいれた画期的な劇映画であった。そしてこの頃より、従来の「活動写真」という名称から、「映画」という呼び方になってきた。また、歌舞伎経営を行っていた松竹が大正９年、松竹キネマ合名会社を設立し、映画製作に乗り出した。

こうした動きの中、長野市南石堂に大正９（１９２０）年、「長野活動館」が開館した。その結果、大正10年代の長野市には、長野演芸館、相生座、長野活動館、三幸座の４館が映画館として活動していたことになる。このうち大正４年７月に芸術座の松井須磨子が長野で凱旋公演を行った三幸座は、大正期末に名称を「長野劇場」と代え、昭和８年まで営業していたが、同年廃業している。

大正９年４月には各映画館は毎日、昼夜２回の上映を行っている。サイレント映画ではあったが、それほどまでに映画は人々に人気の娯楽となっていたことが理解できる。上映されたフィルムは、長野演芸館が日活とアメリカ映画、相生座も同じく日活とアメリカ映画であったが、相生座は時代劇と西部劇、長野演芸館は人情ものと喜劇であった。また、長野活動館は比較的ヨーロッパの活劇物と日本の時代劇を多く上映していた。

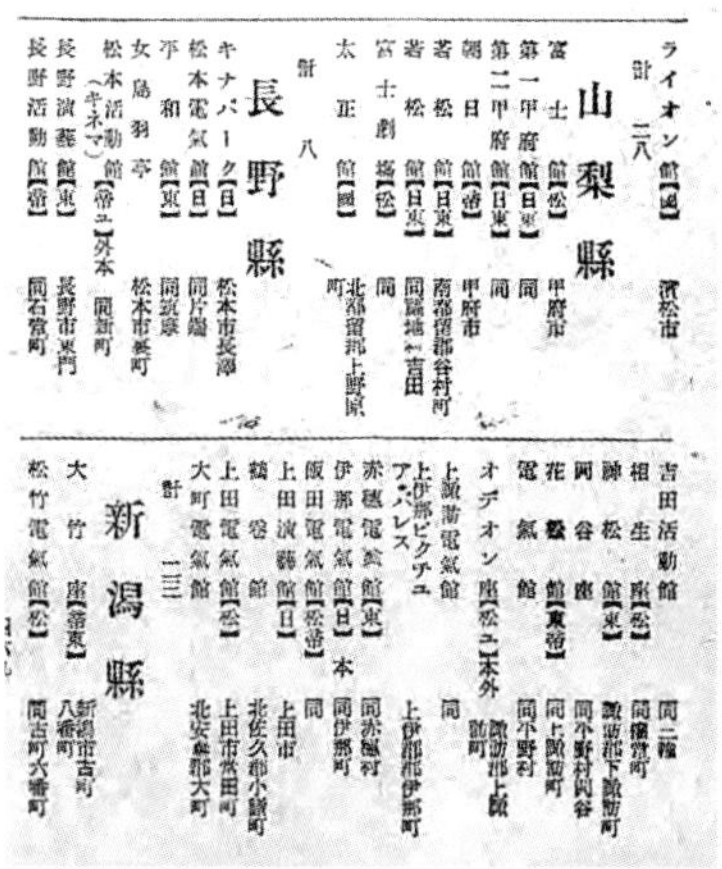

ライオン館【國】　濱松市
計　二八

山梨縣

富士館【松】　甲府市
第一甲府館【日東】　同
第二甲府館【日東】　同
朝日館【帝】　甲府市
若松館【日東】　南都留郡谷村町
若松館【日東】　同瑞穂村吉田
富士劇場【松】　同
太正館【國】　北都留郡上野原町
計　八

長野縣

キナパーク【日】　松本市長澤
松本電氣館【日】　同片端
平和館【東】　同筑摩
女鳥羽亭　松本市裏町
松本活動館（キネマ）【帝ユ】外本　同新町
長野演藝館【東】　長野市東門
長野活動館【帝】　同石堂町
吉田活動館　同二輪
相生座【松】　同權堂町
錦松館【東】　諏訪郡下諏訪町
岡谷座　同平野村岡谷
花松館【東帝】　同上諏訪町
電氣館　同平野村
オデオン座【松ユ】本外　諏訪郡上諏訪町
上諏訪電氣館　同
上伊那ピクチュアパレス　上伊那郡伊那町
赤穂電氣館【東】　同赤穂村
伊那電氣館【日】本　同伊那町
飯田電氣館【松帝】　同
上田演藝館【日】　上田市
鶴登館　北佐久郡小諸町
上田電氣館【松】　上田市常田町
大町電氣館　北安曇郡大町
計　一三

新潟縣

大竹座【帝東】　新潟市古町八番町
松竹電氣館【松】　同古町六番町

『大正 13・14 年度日本映画年鑑』表紙と長野県内の映画館が記録された頁

欧米を中心に映画製作が盛んになると、映画の輸入も積極的に行われるようになり、東京を始め各地で洋画の上映も始まった。

大正13（1924）年、アメリカのD・W・グリフィスが監督した「国民の創生」が日本で初上映されたが、この作品はすでに大正4年に作られたアメリカ初の長編映画であり、大胆なクローズアップ、フラッシュバックなどの技法が使われた画期的な作品であった。後にグリフィスは「映画の父」と呼ばれている。

ここに大正13年に発行された『日本映画年鑑』（東京朝日新聞社）がある。それによると、大正13年度に、長野市にあった映画館は次の通りとされている。

長野演藝館（東）　長野市東門
長野活動館（帝）　同石堂町
吉田活動館　　　　同三輪
相生座（松）　　　同権堂

以上４館が記録されているが、このうち吉田活動館というのは、この年鑑以外どこにも記録が残されていないため、その歴史は不明である。おそらく長野演芸館系列として三輪に開設されていたのかと考えられるが、詳細は全く不明である。

また、この年鑑には三幸座が記されていない。三幸座は映画上映も行ったが、むしろ芝居などの興行が主であったため、記録されていないのではないかと推測される。長野県全体としては23館が記されており、諏訪郡が６館と多く、ついで松本が５館と続いている。

ところで、映画の入場料に対する税金、観覧税は映画上映が始まったころから現代まで、映画館経営者を相当苦しめ続けてきた。それは入場料金の半分以上が税金でもっていかれたためである。このため、大正10（１９２１）年、相生座では、映画上映だけでは経営が苦しくなると判断、芝居や舞踊など他の興行も行うような体制をとっている。

当時の長野の映画館では前述したが、相生座が松竹系、長野演藝館が東亜系、長野活動館が帝国キネマ系とすみ分けられていたことになる。

大正時代は、次に続く昭和前半の時代と違い、「大正デモクラシー」の言葉が示すように比較的、自由で文化芸術なども花開いた時代であった。映画も撮影や映写技術の発達に伴い、こうした時代を彩る大きな役割を果たし、人々が余暇を映画で楽しむ時間を生み出していった。

1年間に封切られたサイレント映画作品数（大正12年12月〜13年11月）

日本映画	
日本映画	**537本**
人物	222本
時代劇	209本
喜劇	45本
活劇物	28本
時事物	21本
その他	12本
映画会社別（日本映画）	
松竹	172本
帝国キネマ	129本
東亜映画	114本
日活	112本
その他	10本
外国映画	
総数	**635本**
米国	575本
欧州	60本

第2章　戦前・戦中の映画館事情

トーキー映画の登場と映画館の増設

サイレント映画から音声の出るトーキー映画に変わったのは、昭和に入った昭和２（１９２７）年のことで、アメリカで世界初のトーキー映画「ジャズ・シンガー」（アラン・クロスランド監督）が上映された。日本では、昭和６年に五所平之助監督による「マダムと女房」（主演渡辺篤・田中絹代）が初のトーキー映画となった。

ところが、第一次世界大戦後の不況が世界に大恐慌をもたらした。日本も関東大震災などもあって昭和５年から６年にかけ、未曾有の恐慌が起こった。このため映画館の経営も悪化の一途をたどり、苦しい時期を迎えている。

美徳屋材木店による菊田劇場上棟式
（昭和元年）（徳竹康彰氏所蔵）

昭和恐慌が起こる直前の昭和２（１９２７）年2月、長野市西鶴賀町に菊田劇場が誕生した。この劇場は歌舞伎や芝居はもちろん、映画上映も出来る総合的な劇場であった。当初

建設当時の篠ノ井劇場
（昭和３年）（田中写真館所蔵）

は映画上映よりも歌舞伎や少女歌劇などの演劇物を上演する劇場として出発しており、舞台には回り舞台の装置も取り付けられていた。１・２階は桟敷席式の畳敷きで立派なものであった。

　この菊田劇場が映画上映も行うようになったのは、開館から早くも8か月後の10月19日、現代劇の「恋の渦巻」（日活・楠山律監督）からである。

　また、昭和3年、篠ノ井町に新しく町営の「篠ノ井劇場」が開館した。この劇場は建設当時は映画専門館ではなく、芝居や浪曲、講談などの公演を行う総合的な劇場であったが、昭和30年代に名称を「篠ノ井映画劇場」と改め、映画館になっている。

　篠ノ井劇場のある場所には、明治35年に「栄布座」（栄村と布施村の境に建てられたことから由来した名前）という芝居小屋があったが、昭和3年の篠ノ井町誕生の際に、篠ノ井芝澤の地に移転し、「篠ノ井活動館」というこちらも芝居の公演や映画上映を行う劇場として存続した。

　一方、松代町では町の中心地である殿町に大正時代半ば、「松代活動館」が開館していた。定員８００名という北信地域最大の劇場であった。この劇場は、松代豊栄にあった赤柴銅山（戦

閉館後の松代活動館の建物
（昭和 54 年　林安直氏撮影）

国時代から採掘されていたという）の経営者渡辺某ら数人が共同で経営していた劇場であったが、松代の香山隆治が、その後経営権を譲り受けて昭和40年代まで営業していた。

　最初は演奏会や芝居などが行われ、昭和に入ると映画上映が多くなったようだ。一階席は椅子を並べていたが、２階席は桟敷風に畳敷きであったという（以上、香山篤美氏談）。

篠ノ井劇場、松代活動館ともに常設の映画館ではなく、芝居公演なども織り交ぜた劇場であった。例えば、昭和18年の松代活動館では、映画が7回、浪曲公演を2回、演劇興行を5回行っている。

　こうした劇場の使われ方は、戦争が長引き始めると、慰問演芸会や出征兵士の家族慰労大会などへと繋がっていった。

　１９３０年代に入ると、映画産業も大規模なものになっていった。昭和12（１９３７）年には、日活、松竹に次いで東宝映画株式会社が設立され、映画界は３つの映画会社が主導して製作、配給が行われるようになった。

戦前からあった映画製作会社の帝国キネマ演藝株式会社（大阪が本社）は昭和６年に、さらに大正12年に設立された東亜キネマ株式会社は昭和７年に、相次いで合併や倒産で姿を消しており、前記３社が映画会社の大手となっていた。

力のある監督や俳優、スタッフが育ち、次々と映画が製作され、日中戦争が始まった昭和12年ころでもその数はアメリカに次いで世界第2位の本数を数えることとなった。因みに太平洋戦争が開始された昭和16年には、年間５００本を越える映画が日本で製作されていた。

昭和 16（1941）年公開作品から
<日本映画雑誌協会ベストテン>

1位	**戸田家の兄妹** 監督：小津安二郎 出演：藤野秀夫	（松竹）
2位	**馬** 演出：山本嘉次郎 出演：高峰秀子	（東宝）
3位	**みかへりの塔** 監督：清水宏 出演：笠智衆	（松竹）
4位	**芸道一代男** 演出：溝口健二 出演：中村扇雀	（松竹）
5位	**江戸最後の日** 監督：稲垣浩 出演：阪東妻三郎	（日活）
6位	**次郎物語** 監督：島耕二 出演：井染四郎	（日活）
7位	**愛の一家** 監督：春原政久 出演：小杉勇	（日活）
8位	**海を渡る祭礼** 監督：稲垣浩 出演：市川小文治	（日活）
9位	**舞ひ上る情熱** 監督：小石栄一 出演：若原雅夫	（新興キネマ）
10位	**指導物語** 監督：熊谷久虎 出演：丸山定夫／原節子	（東宝）

戦争と映画

しかし、次第に戦争の影が色濃くなるにつれ、輸入映画数は激減し、昭和15年ではそれまでの本数の約半分60本ほどになっている。日本映画も時局を反映した国威発揚の映画が盛んに作られていった。また、小中学生向けの文化映画も国策的色合いの強いものが上映されるようになっていった。

昭和16（1941）年12月6日の真珠湾攻撃から日本は太平洋戦争に突入したが、これによって国民生活は、国による統制下にすべてが置かれることとなった。

昭和18年度の『日本映画年鑑』によると、映画界も同様で、大小ある映画製作会社が吸収合併させられた。昭和17年1月6日、まず日活と新興キネマ、大都映画が合併して資本金770万円の大日本映画製作株式会社が誕生した。そして大手の松竹と東宝が小さな製作会社を吸収して、ここに3社による映画製作が行われるようになった。

また映画配給も、昭和17年4月1日に設立された社団法人映画配給社が管理し、毎回映画製作会社が毎月2本計6本の劇映画と8本の文化映画がニュース映画と共に配給されることとなった。したがってこれ以外勝手に映画を配給することはできなくなったのである。

一方、配給される映画を上映する全国の映画館は、紅白の２系統に分けられ、１週間の興行制が採用された。収益は、総収益より１割の配給手数料を引いた残額のうち、４割２分５厘が映画館に割り戻され、残りの５割７分５厘のうち、家賃を除く人件費などの実際経費を差し引いた残額が製作者側に支払われることとなった。これによって、これまでの自由経済から完全な国による統制経済を甘んじて受けなければならなくなった。

戦前に長野市で上映された映画にどんなものがあったのだろうか。

昭和19年1月8日封切りの『出征前十二時間』（大映・島耕二監督　水島道太郎主演）【長野活動館】

この映画の宣伝文句には〝颯爽　決戦へ　学徒出陣!!〟とあり、昭和18年10月21日、明治神宮外苑で行われた「出陣学徒壮行会」を題材にした戦意高揚映画であった。

ほか公開された時局を反映した映画は

昭和19年9月　『水兵さん』（松竹・原研吉監督　星野和正・水戸光子主演）【菊田劇場】

『君こそ次の荒鷲だ』（松竹・穂積利昌監督　上原謙・水戸光子主演）【菊田劇場】

昭和19年10月　『肉弾挺身隊』（大映・田中重雄監督　水島道太郎主演）【長野演芸館】

昭和20年1月　『陸軍特別攻撃隊』（陸軍報道部監修のドキュメンタリー　田坂具隆監督）【長野活動館】

余談だが、旧制県立長野中学校（現・県立長野高校）の校庭では、長野中学校グライダー班の中学生と佐分利信、小杉勇ら主演の「愛機南へ飛ぶ」（松竹・佐々木康監督　昭和18年9月公開）のロケも行われている。

こうした戦時体制下の中で、空前の大ヒットとなった映画があった。それは「ハワイマレー沖海戦」（山本嘉次郎監督　伊東馨・原節子主演）という東宝製作の映画であった。『映画年鑑』に載った内容を転載してみよう。

「愛機南へ飛ぶ」（1943年　松竹）
息づまる空中戦闘シーンをリアルに描写！航空戦力の重要さと、兵士の不屈の魂を描いた松竹初の航空映画。特殊撮影を駆使した佐々木監督の意欲作。（DVD解説より）
監督：佐々木康
出演：信千代／原保美／佐分利信／加藤清一／小杉勇／風見章子

本映画は大本営海軍報道部の企画になり、大東亜戦争緒戦に赫々たる戦果を収めたハワイ奇襲並にマレー沖海戦を主題とした劇映画である。全編を通じて不撓不屈の猛訓練が美事に描き出され、其の戦闘描写に至つてはわが映画界に画期的意義を有する特殊撮影の効果と相俟つて開戦劈頭の国民的感激を新たにするものがあり、大東亜戦争一周年を記念するに相応しい映画として推薦する。

この映画は、海軍省の命令により作られた国策映画であった。そして、昭和17年度文部大臣賞の特賞（賞金4千円）を受賞している。

国民総動員の戦時下にあって、映画といえども娯楽を楽しむというよりは、国民精神の高揚を求める内容の映画が上映された。そして国民はひたすら日本の勝利を信じ、銃後であっても勤労奉仕などに懸命になって働いたのであった。

昭和18年度の『日本映画年鑑』に長野市の映画館が記載されているが、長野演芸館、長野活動館、菊田劇場の3館しか載っていない。相生座がこの記載より漏れている。昭和19年の『信濃毎日新聞』の映画館上映広告を見ても、不思議なことに相生座の広告は皆無である。これは戦時中、相生座は映画上映より演芸大会や舞踊、芝居などの公演を行っており、映画上映は行っていなかったのではないかと考えられる。相生座が映画を再び上映するようになるのは戦後からである。

昭和20年8月15日の終戦を境に、状況は１８０度転換する。軍国主義から民主主義へ舵を切った日本は、国民が総力を挙げて戦火で荒廃した国土復興への道を歩き始めた。

映画界も次々と戦地から監督や俳優、カメラマンを始めとする映画製作者たちが引き上げてきて、新しい映画作りに情熱を傾け始めた。こうして、戦後の映画界は空前の映画ブームを引き起こすこととなっていく。

第３章　戦後復興を後押しした映画館

映画館は夢の殿堂

昭和20（１９４５）年８月の終戦から数年間は，戦火で荒廃した日本中は食料を始め全ての生活物資が不足していた。そのため闇屋が横行し、さらに強烈なインフレが起こって、紙幣の新円切り替えがあり、世の中は殺伐とした空気が流れ、人々は生きることに精一杯であった。そんな中にあって映画は唯一の大衆娯楽であった。

終戦直後、最初に製作公開された日本映画は「そよかぜ」（松竹・佐々木康監督　上原謙・並木路子主演　昭和20年10月公開）であった。この映画の挿入歌として並木路子が歌った「リンゴの唄」（サトウハチロー作詞、万城目正作曲）は、敗戦で暗く沈んだ世相を吹き飛ばすような明るく爽やかな歌であった。このためレコード売上げが爆発的なヒットとなり、約三三万枚も売れた。

戦前公開（１９３８年）の「愛染かつら」（松竹　野村浩将監督　田中絹代・上原謙主演）が再上映された時、善光寺近くの長野演芸館では入場を待つ行列が、長野電鉄の善光寺下駅方面に数百メートル以上も続き、観客は寒い中を数時間も立ち並んで入場を待っていたという。

当時旧制中学生は映画館への出入りは禁止されていた。本書の中谷治氏（現・長野グランドシネマズ会長）は、そのころ旧制長野中学生であったが、どうしてもこの「愛染かつら」を観たくて、戦時中使用していた防空頭巾を顔深く被り、先生に見つからぬように行列に並んで観たと懐かしそうに語ってくれた。

この他、当時のヒット映画は

「青い山脈」（今井正監督　原節子・池部良主演　昭和24年7月）
「また逢う日まで」（今井正監督　久我美子・岡田英次主演　昭和25年2月）
「長崎の鐘」（大庭秀雄監督　若原雅夫 月丘夢路主演　昭和25年9月）
「麦秋」（小津安二郎監督　原節子・笠智衆主演　昭和26年10月）
「生きる」（黒澤明監督　志村喬主演　昭和27年10月）
「ひめゆりの塔」（今井正監督　津島恵子主演　昭和28年1月）
「二十四の瞳」（木下恵介監督　高峰秀子主演　昭和29年9月）

などで、中でも昭和28（１９５３）年9月に封切られたＮＨＫ連続ラジオドラマの映画化「君の名は」（大庭秀雄監督　佐田啓二・岸恵子主演）は、記録的な大ヒット作品となった。とりわけ劇中で主

演の岸恵子が首に巻くマフラーの巻き方が、大変評判を呼び、主人公の名前をとった「真知子巻き」が当時の若い女性の間で大ブームとなったほどである。

外国映画では

「駅馬車」（米国　1940公開　再映）
「カサブランカ」（米国　1946年公開）
「荒野の決闘」（米国　1947年公開）
「旅愁」（米国　1952年公開）
「風と共に去りぬ」（米国　1952年公開）
「ローマの休日」（米国　1954年公開）
「シェーン」（米国　1953年公開）

などに人気が集まった。

戦争という暗い時代をくぐり抜け、人々はアメリカ映画を始めとする外国映画の

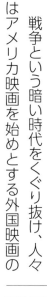

規模の大きさ、また演じる美しい女優や二枚目の男優たちに憧れ、自分たちの日常にはない、それこそ夢のような世界に浸る幸福感を味わったことであろう。映画は、まさに新しい世界へ人々を誘うものであったし、それを上映する映画館は、夢の殿堂であった。

終戦直後、長野市内の映画館

終戦直後に長野市にあった映画館は、
菊田劇場　西鶴賀町（昭和25年に長野商工会館と改名）
長野演芸館　東之門町（昭和29年に長野エンゲイ館に改名）
相生座　　権堂
長野活動館　北石堂町
の４館だけだった。

このうち菊田劇場は、戦争終結間際の昭和20（１９４５）年４月、国鉄に買収される話が持ち上がった。ちょうど本土決戦が叫ばれ、３月10日の東京大空襲などの影響から、国鉄も来るべき時に備える目的で、５月には車両を疎開させるための線路敷設などの疎開工事を進める一方、菊田劇場を買収し、８月の終戦までは、国鉄職員の慰問演芸大会や出征家族の慰問懇談会

かつての菊田劇場は長野商工会館を経て、ニュー商工となった
（平成 18 年撮影　中谷治氏提供）

などを盛んに菊田劇場で開催した。戦後は、国鉄長野機関区従業員組合が結成されたことから、組合の大会や慰安会に使用されることが多くなった。

菊田劇場の建物は、昭和25年9月27日に「長野商工会館」と名称を改め、これまで同様、映画上映と芝居などの興行を並行して行っている。

前日の9月26日には、東京松竹大歌舞伎の公演があり、11月14日からは長野市出身の瑞穂春海監督による松竹映画「ペコチャンとデン助」（笠置シズ子主演）を、同24日からは松竹映画「生さぬ仲」（市川哲夫監督）を上映している。

この長野商工会館は、その後東映の封切館として時代劇上映で大盛況を呈したが、後述するように東映が直営館を権堂にオープンさせてからは、東映の再映館となった。しかし興行的に不振で、名称も「ニュー商工」と変え、最後は大蔵映画を中心としたポルノ映画館となった。

「長野演芸館」は、大映映画を中心に上映。昭和48（1973）年に火災で焼失するまで上

平成29年12月25日に創立100周年を迎える
長野相生座（平成18年5月撮影　中谷治氏提供）

映を続けた。

「相生座」は、松竹映画を中心に上映していた。昭和30年代に劇場を大映映画に貸し出すが、間もなく大映映画が倒産したため、貸し出し先を松竹に変更し「長野相生座・ロキシー1」として東日本松竹興行が運営にあたった。「相生座」の建物は、明治25（1892）年開設の「千歳座」以来、木造としては120年の歴史を刻む国内最古の映画館として現在も健在である。

「長野活動館」では、洋画のナイトショーが行われ、米国映画の「カサブランカ」（マイケル・カーティス監督　ハンフリー・ボガート主演）、フランス映画の「美女と野獣」（ジャン・コクトー監督）や「望郷」（ジュリアン・デュビビエ監督　ジャン・ギャバン主演）などの名画が上映された。その後、映画館乱立の波にのまれ、昭和37（1962）年11月16日、閉館する。

長野市の映画館、続々誕生

昭和23（１９４８）年12月16日に、長野市営の「長野市営中央映画劇場」（愛称中劇）が新しく出発した。市営ということに驚かされるが、この映画館はアメリカ進駐軍の要請によるもので、アメリカ映画を上映するために作られた映画館であった。開館した時は、１９４６年度のアカデミー受賞映画「我等の生涯の最良の年」（ウイリアム・ワイラー監督）が上映された。市営であったのは、１年間だけで、翌24年12月には、民間に移管されている。

千石映画劇場（平成 18 年撮影　中谷治氏提供））

さらに、昭和25年12月16日、「長野活動館」と同経営者が、長野駅前の千石街に「千石映画劇場」と「千石小劇場」を開館した。一部分コンクリート造りの当時では珍しい建物だった。千石劇場は建築直後火災で焼失したが、間もなく再建築され、主にハリウッド映画専門の封切館になった。オープニングの日は、日劇ダンシングチームが開館を記念して華やかな踊りを披露している。

千石映画劇場が開館する４か月前の８月５日、中谷勇（中谷治氏父）が、長野電鉄信濃吉田駅南側に吉田映画劇場をオープンさせた。この映画館は封切館ではなく、再映館であった。吉田映画劇場から今日の長野グランドシネマズに至る映画興行の歴史は、経営の当事者である中谷治氏が第１部で詳しく述べているのでここでは省略したい。

また、吉田には昭和30年６月、長野電鉄信濃吉田駅北側にセントラル映画劇場がオープンした。この映画館は、長野経木木工有限会社社長で吉田商工振興会初代会長を務めた成田恒吉が開いたもので、洋画上映を専門とする再映館であった。長野経木木工は、「吉田映画劇場」になった倉庫を中谷勇に売却した当人である（その経緯は、第１部に記した）。

吉田映画劇場があった場所
（JA ながの吉田支所の場所　平成 27 年 3 月撮影）

セントラル映画劇場（吉田商工振興会提供）

吉田公民館が発行している公民館報『よしだ』を見ると、セントラル映画劇場ができた翌年の昭和31年元日号から同37年元日号まで７年間に亘り、吉田映画劇場とセントラル映画劇場２館の新春を飾

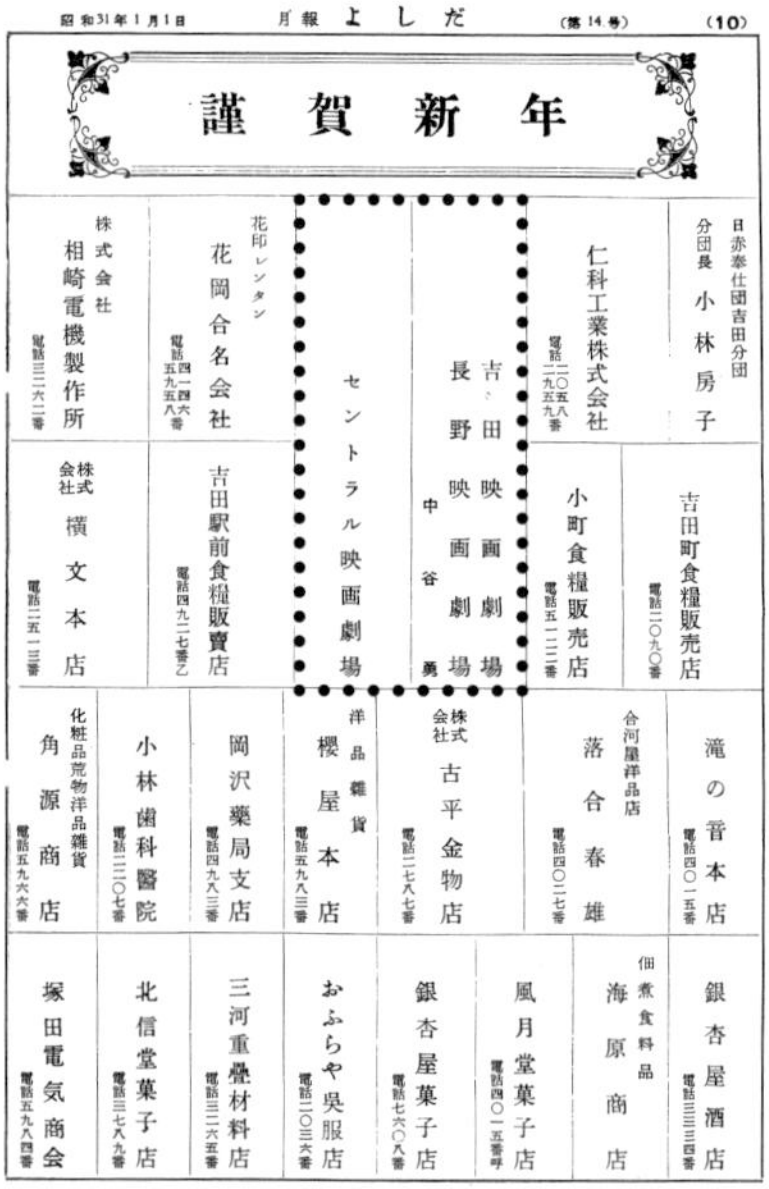
昭和31年1月1日　月報　よしだ　(第14号)　(10)

謹賀新年

日赤奉仕団吉田分団 分団長 小林房子
仁科工業株式会社 電話二〇五八 二九五九番
吉田映画劇場 長野映画劇場 中谷勇
セントラル映画劇場
花印レンタン 花岡合名会社 電話四一四六 五九五八番
株式会社 相崎電機製作所 電話三二六二番
吉田町食糧販売店 電話二〇九〇番
小町食糧販売店 電話五一二二番
吉田駅前食糧販賣店 電話四九二七番乙
株式会社 横文本店 電話二五一三番
滝の音本店 電話四〇一五番
合河屋洋品店 落合春雄 電話四〇二七番
株式会社 古平金物店 電話二七八七番
洋品雑貨 櫻屋本店 電話五九八三番
岡沢薬局支店 電話四九八三番
小林歯科醫院 電話二二〇七番
化粧品荒物洋品雑貨 角源商店 電話五九六六番
銀杏屋酒店 電話三三三四番
佃煮食料品 海原商店
風月堂菓子店 電話四〇一五番呼
銀杏屋菓子店 電話七六〇八番
おふらや呉服店 電話二〇三六番
三河重畳材料店 電話三二六五番
北信堂菓子店 電話三七八九番
塚田電気商会 電話五九八四番

吉田公民館報『よしだ』の昭和31年元日号に掲載された吉田映劇とセントラル映劇の名刺広告（点線内）（吉田公民館提供）

る名刺広告が載せられている。同36年からは名刺広告欄そのものがなくなったため、広告を見ることができないが、市内中心部から離れた吉田ではどうがんばっても観客の動員数は少なく、まだ個人が車を当たり前に持つ時代でもなかったので、遠くからわざわざ足を運んで見に来るお客もいなかった。このためセントラル映劇は、業績不振から同36年3月に閉館した。吉田映画劇場も、翌37年5月6日をもって閉館した。

吉田映画劇場経営の経験を踏まえ、中谷勇は市内中心部に進出し業績をあげようと手頃な土地を探し、昭和29年中心部に近い田町の平林街道沿いの土地368坪を購入、翌30年8月のお盆興行に合わせて、長野映画劇場をオープンさせた。邦・洋画の再映館であった。

一方、中谷は郊外の豊野町にも、豊野活動館と呼ぶ再映館を昭和27年12月に開館し、吉田映劇と掛け持ちの上映を続け、昭和37年1月まで10年間存続させた。

したがって中谷は一時、吉田映劇・豊野活動館・長野映劇三館の経営をこなしていたことになる。この映画館に関しても、第1部で詳述されている。

旧市内には、この他、七瀬に七瀬映画劇場が昭和28年に開館した。しかし昭和40年代には、大衆演劇やストリップ公演の劇場に変わり、平成2年に閉館した。

また、国道18号線の丹波島橋に向かって、荒木の交差点手前左には裾花映画劇場が昭和30年頃開館した。しかし、数年間の映画上映で終わり、七瀬映劇と同じストリップ劇場になったが、

七瀬映画劇場の跡地（七瀬　手前道路中央辺り）
（平成 27 年 5 月撮影）

裾花映画劇場の跡地（若里　平成 27 年 5 月撮影）

東劇の跡地（東鶴賀　平成 27 年 5 月撮影）

じきに閉館した。

さらに、長野旧市内の東鶴賀町（現在の光ハイツ）には、東劇と呼ぶ洋画専門館が昭和31年にオープンしている。東劇はその後、昭和48年に閉館した。

朝鮮戦争から「神武景気」へ

映画館が相次いで誕生した頃、昭和24年4月1日から5月31日まで、長野市城山公園一帯では、「長野平和博覧会」が開催された。折しも戦争で途絶えていた善光寺御開帳も14年ぶりに開催され、76万余人にも及ぶ入場者となった。

メイン会場の城山公園ではアメリカ文化館（現信濃美術館の場所）が建てられ、軍政部の指導の下に、アメリカ文化が大いに紹介された。

この博覧会で、注目を浴びたのがテレビジョン館であった。まだ実験的なものであったが、戦争が終わり、食糧難も次第に解消しつつあった人々に、テレビは明るい未来を夢見させるものであった。

翌昭和25年6月25日には、朝鮮戦争が勃発、当初北朝鮮軍が優勢であったが、半島の共産主義化を恐れたアメリカ軍が日本に駐留していた四個師団を国連軍として、朝鮮半島に投入。形勢は一気に逆転した。

このため、日本は軍需産業で経済が活性化した。戦後の混乱期を抜け、日本はめざましい経済発展を遂げることとなった。昭和30年から32年にかけては、世界的に景気が上向き、特に輸出産業が飛躍的に伸びた。さらに農業面でも豊作が続き、日本は未曾有の景気が続くなど、いわゆる「神武景気」と呼ばれ、経済白書も「もはや戦後ではない」と宣言し、日本は戦後復興を果たしたのであった。

このように昭和20年代半ばから30年にかけて、人々は戦後の生活苦から次第に解放され、娯楽としての映画を楽しむ雰囲気ができあがっていった。このことが、相次ぐ映画館の誕生へと結びついていったと考えられる。

上映系列と昭和30年当時の市内の映画館

終戦直後の日本の映画製作会社は、松竹・大映・東宝の3社だけであった。昭和26年4月1日にそれまでの東京映画配給株式会社が社名を改め、東映株式会社として出発した。東映設立には長野県青木村出身で東京急行電鉄（東急）の創業者五島慶太が大きく関与していた。また戦前、業績の悪化から東宝と松竹の両方に所属し、配給部門だけになっていた日本活動写真株式会社（日活）は、戦後の昭和29年、再び映画製作を再開、ここに5社による映画製作配給会社が確立され、日本映画の黄金期を築いていくことになった。

映画が製作されると、封切りは先ず東京の日比谷界隈の映画館でロードショーされ、その後に地方の主要都市で公開された。上映する映画番組は東京のロードショー館以外は２本立てで、上映期間は１週間単位であった。


封切館には映画配給会社の上映系列があって、長野市では松竹と大映の配給映画は相生座とエンゲイ館、東宝映画は長野活動館、東映映画は長野商工会館で、さらに外国映画は千石映画劇場・千石小劇場と長野中央映画劇場で上映していた。

長野商工会議所が昭和30年に発行した『長野商工要覧　１９５５』の特定商工業者名簿には、裾花映画劇場（前頁地図には未記載）・長野中央映画劇場・長野活動館・長野東映商工会館・長野映画興行（相生座）・七瀬映画劇場（前頁地図には未記載）の６館が記載され、同時に昭和30年当時の長野市街図が折り込まれている。その地図には、前記４館以外に演芸館・東映劇場（東劇の誤り）・長野映画劇場・千石劇場・（千石）小劇場の５館が記されている。

この他吉田映画劇場と前記のセントラル映画劇場を加えて、昭和30年には旧長野市内に13の映画館があったことになる。

また、松代の前記松代活動館、篠ノ井の篠ノ井劇場、さらに豊野映画館（昭和27年開館）を加えると、現在の長野市域には当時16館があったことになる。

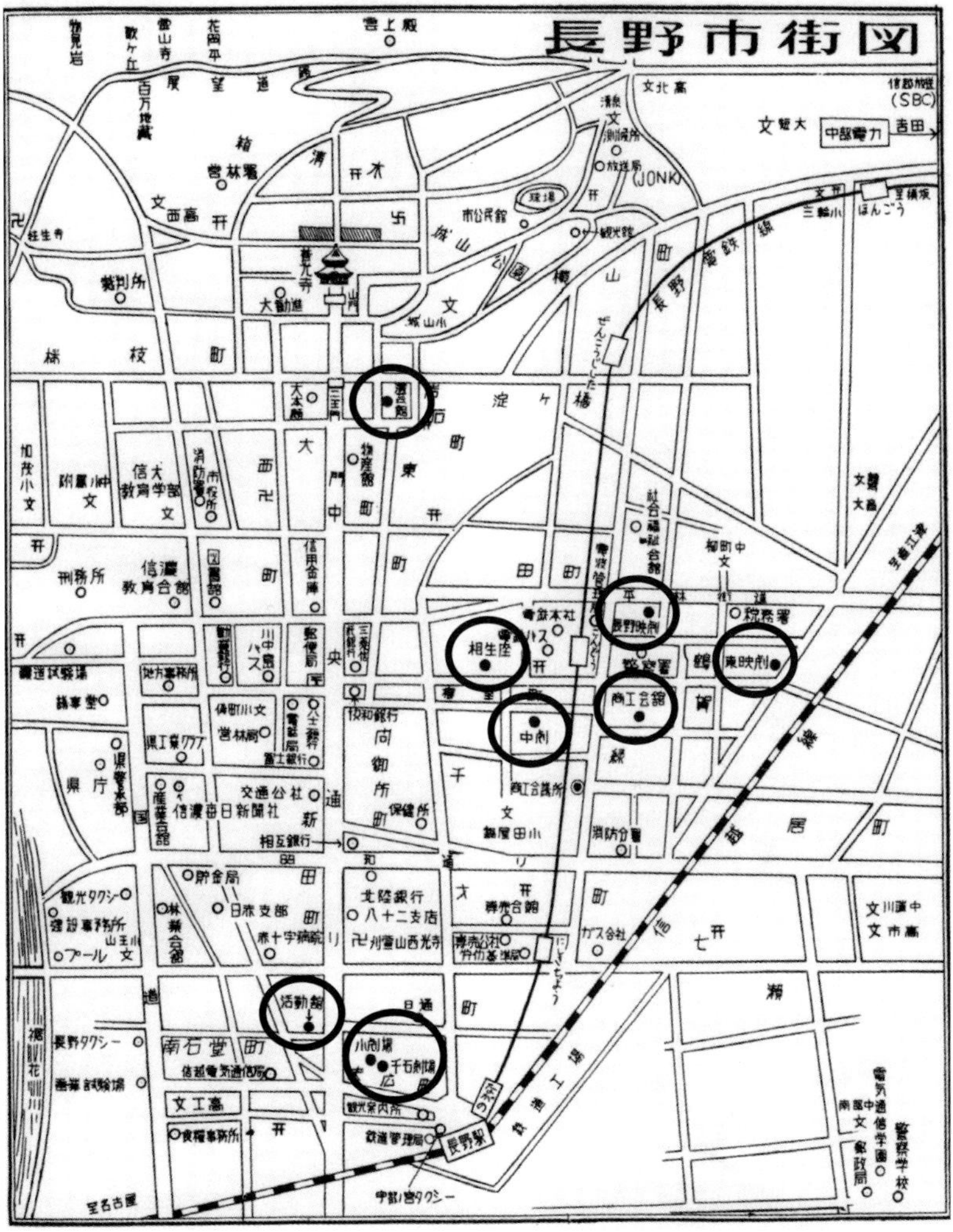

長野商工会議所発行『長野商工要覧　1955』に折り込まれた昭和 30 年当時の長野市街図

　点線内●が映画館の位置（七瀬映劇は未記入、裾花映劇・吉田映劇・セントラル映劇は地図外のため未記入、画面中央右の「東映劇」は「東劇」の誤り）

（長野商工会議所提供）

映画館乱立の時代

　前記の他に昭和32年3月には、大映映画の封切館として南千歳町に座席数８５０の長野スカラ座（後の長野パレス）がオープンした。さらに田町の長野映画劇場の西隣に、同年5月長野第二映画劇場が開館した。こちらは、邦洋画の再映館でスタートしたが、後に新東宝、第二東映、松竹の封切館となり、さらに長野ピカデリーと改名して、昭和39年には洋画専門の封切館となった。このことに関しては第1部で詳述されている。

　一方、篠ノ井では、地元のイトウ精麦株式会社を経営する伊藤英一が光映シネマを昭和33年、芝澤にオープンさせている。ここに昭和34年4月に刊行された『日本映画館・人名・商社録１９５９年版』（キネマ旬報社）があるが、ここに記載された映画館を表にしてみた。

緑町にあった長野スカラ座の場所　道路突き当たり正面
（平成 27 年 3 月撮影）

篠ノ井芝澤に開館した光映シネマ
（昭和 33 年　伊藤彰敏氏所蔵）

昭和33年当時の長野市内（現在の長野市域に該当）の映画館一覧

館　名	所在地	経営者	支配人	構造	定員	系統
長野演芸館	東之門町54	高波兼雄	山口高次郎	木2	548	大松
日活活動館	南石堂町	太陽企業	長谷川　茂	鉄2	600	日
千石映画劇場	〃	小山貞雄	赤沢　欣一	〃	670	洋
千石小劇場	〃	〃	岩野旦侑司	鉄1	220	〃
相生座	権堂町2255	長野映画興業	橋本　久秀	木2	860	松
中央映画劇場	鶴賀字柳原	飯田貞佐久	藤沢　幸右	〃	426	宝
長野東映劇場	権堂町	大川　博	村越　治雄	鉄3	700	と
長野東映商工会館	西鶴賀町	塩瀬和助	森山忠三郎	木2	1500	〃
東劇	東鶴賀町30	石黒光位	飯島義太郎	木1	407	洋
吉田映画劇場	吉田東町821	中谷　勇	同　　左	木2	300	〃
セントラル映劇	吉田町966	成田恒吉		木2	450	〃
裾花映画劇場	中御所910	桜井正人	矢木　市太	木1	300	各
七瀬映画劇場	七瀬町710	七瀬映画興業	松本秀一郎	木2	600	〃
長野映画劇場	田町	中谷　勇	中谷　　治	木1	400	新・洋
長野第二映画劇場	田町	中谷　勇	中谷　　治	木1	400	と
スカラ座	南千歳町728	大映興行	高波　政信	木3	850	大
松代劇場	松代町161	香山隆治	香山　利治	木2	800	邦
篠ノ井映画劇場	更級郡篠ノ井町	市川勘一	市川　泰弘	木3	518	〃
光映シネマ	〃	伊藤英一	丸山　五郎	木2	310	〃
豊野活動館	上水内郡豊野町	中谷　勇	同　　左	木2	300	〃

※系統の大＝大映、松＝松竹、日＝日活、宝＝東宝、と＝東映、新＝新東宝
洋＝洋画、邦＝邦画　（『日本映画館・人名・商社録　1959年版』〈キネマ旬報社刊〉より作成）

長野県全体で115館（日本全体では7595館）あるうち、長野市（現在の長野市域に該当）に20館もあったことになる。

このように長野市内の映画館数は終戦直後は4館（相生座、長野演芸館、長野活動館、菊田劇場）しかなかったのが、昭和30年代前半には20館にもなり、北信地区全体で41館にもなった。このことからも昭和30年代半ばまで、いかに映画産業が華やかであったかが、窺い知れるのである。

ところが平成27（2019）年現在の映画館数は長野市内でわずか4館（長野グランドシネマズ、長野ロキシー、千石映画劇場、シネマポイント）でスクリーン数は15だけである。北信近郊の長野市

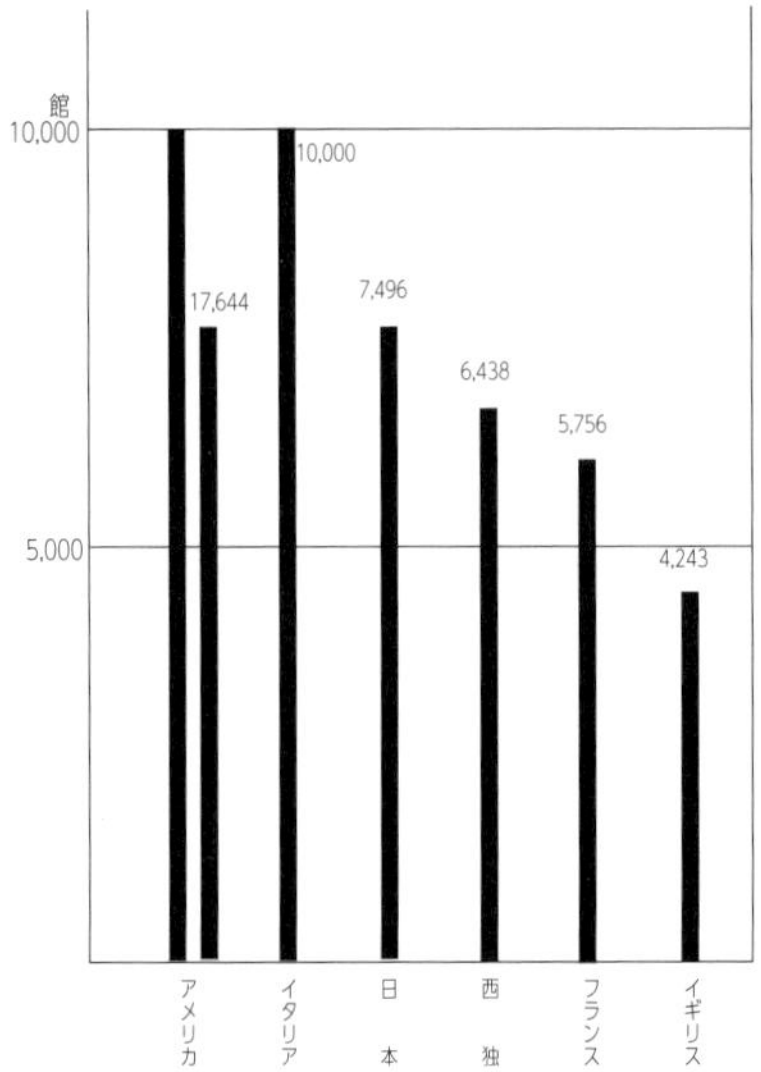

世界各国映画館数　（1957年度）
（『日本映画館・人名・商社録 1959年版』〈キネマ旬報社刊〉より作成）

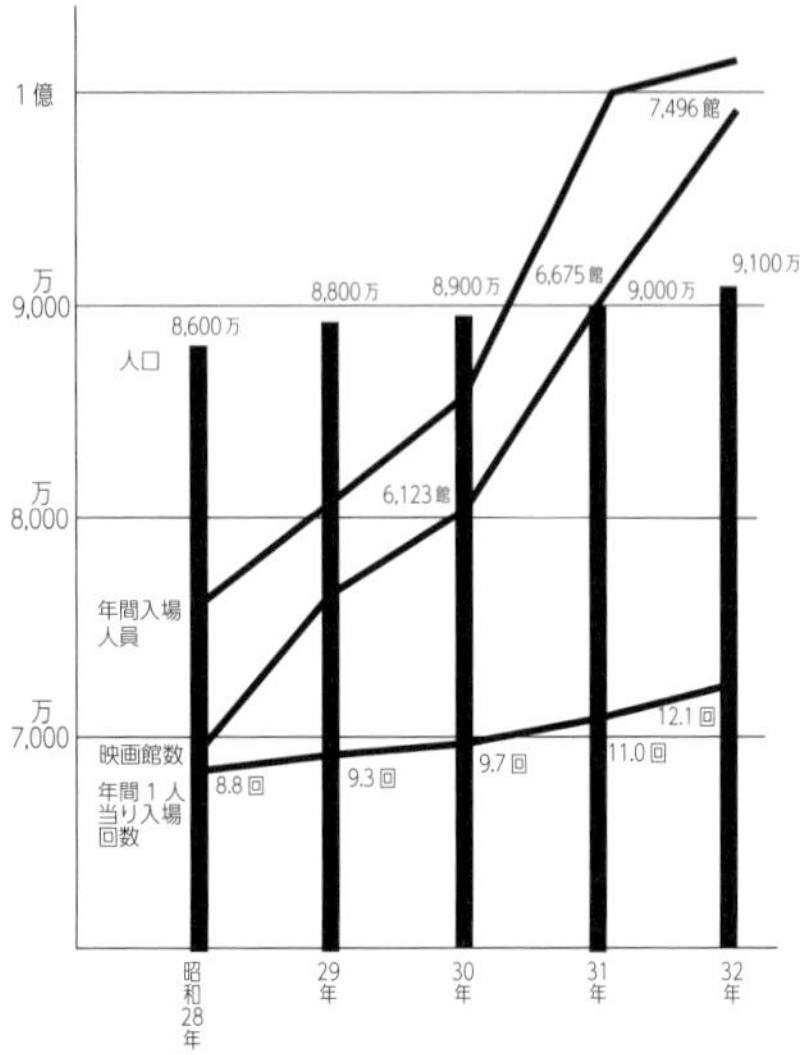

日本の人口と映画観客数・映画館数の推移
（『日本映画館・人名・商社録 1959年版』〈キネマ旬報社刊〉より作成）

外の映画館は全く姿を消してしまっている。盛時の約5分の1という寂しさである。

昭和26（1051）年4月に東映が誕生したことは前に記したが、東映の映画を上映していた長野商工会館は、長野東映商工会館となった。東映は戦前からの片岡千恵蔵や市川歌右衛門、月形龍之介らの大スターを抱え、さらに昭和30年代に入ると歌舞伎界などから中村錦之助、東千代之介、大川橋蔵などの若手スターを売り出し、それまで興行収入のトップを走っていた松竹を抜いて1位に躍り出る勢いであった。

そして昭和33（1958）年、長野市では東映が直営する映画館長野東映劇場が権堂町にオープンし、長野商工会館も東映の映画を再上映する長野商工会館となった。

取り壊されてしまった長野東映映画劇場
（平成 18 年 5 月撮影　中谷治氏提供））

さらに、戦後すぐに起きた東宝のストライキ騒動によって誕生した株式会社新東宝は、その後同30年、長野県出身の実業家大蔵貢が社長に就任すると、「安く、早く、面白く」をスローガンに映画の量産体制を敷いた。こうして、映画産業は花盛りの時代を迎え、各映画製作配給会社は、それぞれ独自の路線を確立していった。

松竹・大映・東宝・新東宝・東映・日活などの映画各社では、それぞれ撮影所を所有し自社で映画製作を行い、さらに上映系列の映画館に配給をしていた。特に製作本数の多い東映は昭和35年には第二東映として配給を2系統で行った。片岡千恵蔵、市川歌右衛門、中村錦之助ら主要スターを揃える、野球で言えば一軍に対し、第二東映は高倉健や山城新吾、近衛十四郎といった二軍スターたちを使った映画を大量に製作した。

長野東映劇場が主要スターたちの映画を、長野第二映画劇場が、第二東映の映画を封切りで上映した。

昭和30年代前半の日本映画製作本数は年間５００本を超えていた。それは全国に７５００館

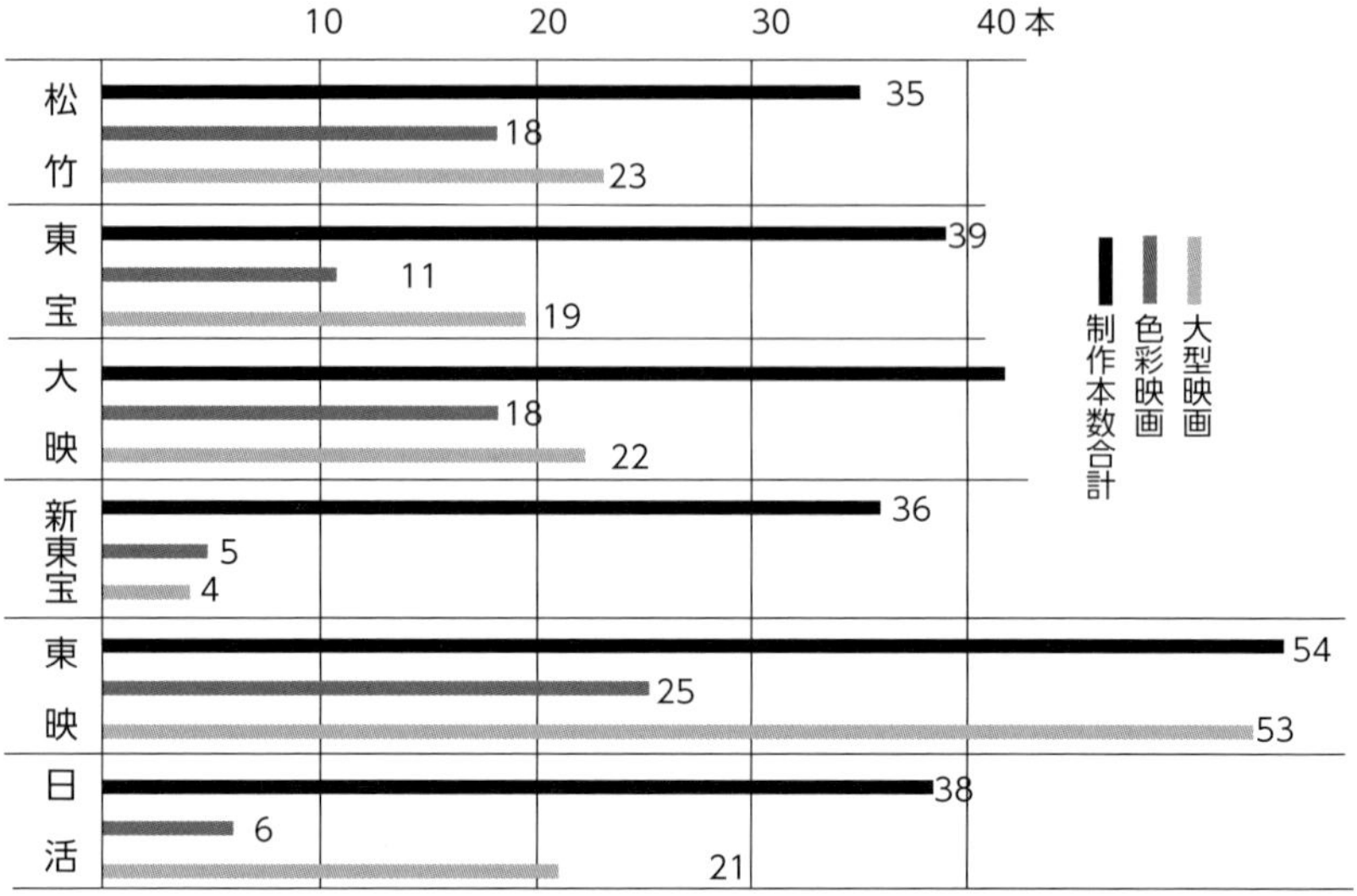

映画六社制作本数（昭和 33 年度上半期分）
（『日本映画館・人名・商社録 1959 年版』〈キネマ旬報社刊〉より作成）

以上の映画館が２本立てで毎週番組を変えるため、大量の映画が必要であった。現在の日本映画の年間封切本数は約２００本で、映画館のスクリーン数は約２０００余りである。因みに昭和33年上半期の各映画会社の制作本数は図３の通りで、中でも東映は54本（内カラー映画25本）と他社を圧倒している。

　現在では映画会社では製作をせず配給と興行を行っているだけで、映画製作は民放テレビ局や自主製作委員会組織による独立プロダクションで行われている。それに１本立てで上映期間を長くし、短期間でも約１か月の上映となっている。

第4章　昭和の映画館あれこれ

映画館は2本立て上映が基本

映画上映は最初に日本ニュース映画を約5分（1巻）と文化映画約30分（3巻）が上映され、その次に劇映画が2本（1本10巻で1時間半位）上映するので、合計所要時間は3時間半以上であった。尚、通常の営業時間は、昼1時頃から2回半上映して夜10時頃までであった。

2本立て上映は平成18年頃まで続き、その後は総て1本立て上映となっている。


昭和30年代は、一般的には劇映画2本立て上映が基本だったが、一部の再映館では3本立てや中には4本立ての上映もしばしば行われた。今日では考えられないことである。上映時間は昼頃から始まり、最終回は夕方6時頃に始まり、夜10時までには終了した。

したがって1日の上映回数は2回半であった。ただし、上映時間が1本3時間以上の「風と共に去りぬ」（ビクター・フレミング監督　ヴィヴィアン・リー主演　昭和40年再映）、「十戒」（セシル・B・デミル監督　チャールトン・ヘストン主演　昭和33年）、「ベン・ハー」（ウィリアム・ワイラー監督　チャールトン・ヘストン主演　昭和35年）などの大作は例外で1本立て上映であった。また上映期間は1週間が当たり前だったが、「十戒」などは3週間上映のロングランできわめて異例なことであった。

また、昭和40年代に入ると、長野東映劇場では大晦日に善光寺の2年参りの人を目当てに、大晦日の晩から翌元旦の朝まで映画をオールナイトで上映した。これがヒットしたので、毎週土曜日にも行うようになり、他の映画館もこれに追随してオールナイト上映が盛んに行われた。朝一番電車が出発する頃まで映画館にいられるので人気があり、大勢の人に利用された。しかし、映画人口の減少でオールナイトも数年間しか続かなかった。

満員電車のような混雑

当時の上映は如何に大ヒットであろうとも期間は1週間であった。そのため平日でも館内は大変な混雑で、入場定員約３００人のところ５００人以上も詰め込むことがしばしばあった。当時の観客椅子は木製長椅子の４人掛けであったが、そこへ６人に詰め、さらに場内左右側の通路や客席後方に重なって立ち見をしていた。それでも入場を待つ客が映画館前から道路に行列していて、上映途中で退席する人がある度に少しづつ入場した。

映画館は、日祭日はもちろん、平日の夜も満員であった。入場者数の制限はなく、混雑の場合は詰めるだけ詰めていた。しかも上映の開始時間は映画館の入場券売場の窓口での表示でしか解らず、したがって映画館に行って上映途中から鑑賞するのであった。また、先客が帰るまで立ち見することが多く、前に立つ人の頭が邪魔で背伸びをして見るしかなかった。

映写はフイルムで

映写機は、一定速度で半月盤を回転させ、シャッターを開け閉めする、その回転に４分の１回転ずつ同期する鈎付きの歯車の動きで、シャッターが閉じている間にフィルムを送る。映画フィルムの両サイドに連続した穴が空いているのは、この鈎付きの歯車にフィルムをかませるためである。

スクリーンへ映像を映すためのレンズがついており、映像フォーマットに合わせてこれを切り替える。またフイルムに記録されたサウンドトラックを読み取るリーダーもつけている。また、映写機内にはフィルムに当てる光源のために、＋と－のカーボン（炭素棒）をショートさせ光を出す装置があり、その光を反射鏡でスクリーンへ写すのである。

カーボンはショートで燃え削れるので映写技師は絶えず監視ながら削れた分を詰めなければならない。しかし、現在はキセノンランプが導入されてカーボンは使用されていない。映写室にはかなりの熱を発するため排気装置が組み込まれている。

映画フィルムは10巻以上にも分断されているので、映写にはその切り替えのため２台の映写機が必要であった。そのため早番２人と遅番２人、さらに休暇のため２人位の人が必要となるので、各映画館には、映写技師は６人以上勤務していた。

観客席

当時ほとんどの映画館は木造平屋で、客席は木製の長椅子（ベンチ）が主であった。

昭和30年代になって1人掛けでの連結椅子になったが、横巾が45チセンで前列との間隔は50チセンしかなく、席に座っている人の前を通るのが困難であった。したがって、椅子間隔を詰めていたので、小さな映画館でも３００席以上の客席であった。戦前からの相生座や活動館、商工会館では畳敷きの2階席があり、履物を脱いで坐って映画を見た。

各映画館にはスクリーンの前面に舞台があり、スクリーンの表面に開閉の利く薄い布製のスクリーンカバーがあった。舞台の両側に袖幕と舞台前面に緞帳を備えていた。これは芝居小屋時代の名残りであろう。その幕や緞帳にはスポンサーとして商店名や企業名の広告が刺繍されていた。各映画館の幕は、諏訪の荒関さんがスポンサーをとって各映画館に提供していた。

高い入場税に苦しむ

入場料に１００％もの税金が課せられていたため、高額な入場料であったことは、第1部で詳述されているが、入場税は、戦争中の戦費を捻出するため高く課税され、それが戦後も続けられて、映画興行業界は苦しめられていた。当時の映画興行組合は、熱心に入場税撤廃運動を行っていたが、ようやく昭和30年代から地方税に変わって税率も緩和された。現在は、消費税だけになって映画入場税２０００円以下は免税になっている。

戦後 映画鑑賞料の推移

昭和	西暦	大人入場料
20年	1945	20円
22年	1947	25円
24年	1949	60円
26年	1951	80円
27年	1952	100円
28年	1953	120円
29年	1954	150円
30年	1955	170円
34年	1959	210円
35年	1960	220円
36年	1961	250円
37年	1962	300円
38年	1963	350円
42年	1967	400円
44年	1969	450円
45年	1970	500円
46年	1971	550円
47年	1972	600円
48年	1973	750円
49年	1974	900円
50年	1975	1200円
51年	1976	1300円
55年	1980	1500円
61年	1986	1600円
平成４年以降	1992 以降現在まで	1800円

ナトコ映画と巡回興行

戦後、巡回映画というと、年を取られた方なら覚えている人も多いと思うが、アメリカ占領軍総司令部（ＧＨＱ）が、民間情報教育局に昭和22年から同27年まで、ナトコ映写機と呼ぶ16ミリ映写機を日本全国に配備させ、日本人の民主化促進に役立てさせようと、各地の公民館や学校の講堂、村の広場などで巡回映画会を開催させた。最初はアメリカが如何に素晴らしい民主国家であるかの宣伝を兼ね、アメリカ各地のドキュメンタリー映画を上映して。その映画会を映写機の名前からナトコ映画会と呼んだ。映画を通じて大衆に教育的啓蒙を行うという方法に日本人は慣れていなかったが、映写されるアメリカの姿に度肝を抜かれた人が多かった。ナトコ映画会は5年間で終了するが、この間約４００本ほどの16ミリ映画が配給されている。

　昭和20年代は、自家用車はなく映画館もない地域の人たちは、映画を見る機会がなかった。映画を見るのはナトコ映写の16ミリ文化映画程度であった。そこで、鈴木映画社、北信映画社が娯楽映画として、さらに長野映研が民主化運動で36ミリの劇場用フィルムで巡回興行を行っていた。そこに吉田映画劇場も、市街地から遠く離れた村や部落で、映画館もフィルムで巡回興行を行うことになった。

映画全盛期の代表的映画

　昭和30年代には、黒沢明・木下恵介・小津安二郎らの監督をはじめ多くの巨匠作品が続々と製作された。東映の片岡千恵蔵・市川歌右衛門・中村錦之助など東映オールスター出演の「任侠清水港」（松田定次監督　昭和32年）や「任侠東海道」（松田定次監督　昭和33年）、「忠臣蔵」（松田定次監督　昭和34年）などの時代劇、日活映画では石原裕次郎主演の「太陽の季節」（古川卓巳監督昭和31年）、松竹映画では美空ひばり主演で主題曲挿入の映画。さらに「彼岸花」（小津安二郎監督　昭和33年）、「人間の条件」（小林正樹監督　昭和34年〜36年）。東宝では黒澤明監督の「生きる」（昭和27年）や「七人の侍」（昭和29年）、「隠し砦の三悪人」（昭和33年）。また新東宝の「明治天皇と日露大戦争」（渡辺邦男監督　昭和32年）などが大ヒットした。

外国映画では「エデンの東」（エリア・カザン監督　ジェームス・ディーン主演　昭和30年）、「戦争と平和」（キング・ビダー監督　ヘンリー・フォンダ主演　昭和31年）、「戦場にかける橋」（デビッド・リーン監督　アレック・ギネス主演　昭和32年）、「鉄道員」（ピエトロ・ジェルミ監督・主演　昭和33年）、「ベン・ハー」（ウィリアム・ワイラー監督　チャールトン・ヘストン主演　昭和34年）、「太陽がいっぱい」（ルネ・クレマン監督　アラン・ドロン主演　昭和35年）、「ウエストサイド物語」（ロバート・ワイズ監督　ジョージ・チャキリス主演　昭和36年）、「アラビアのロレンス」（デビッド・リーン監督　ピーター・オトゥール主演　昭和38年）が話題となった。

昭和33年の映画観客動員数は12億人以上で、１人当たり年間10回以上も映画を観る大盛況であった。現在の年間観客動員数は１億２０００万人程度で最盛期の約10分の１に減っているから、当時はいかに映画が娯楽の王様であったかがわかろうというものだ。

総天然色映画の登場

昭和20年代までの映画は白黒であったが、昭和30年代に入ると、総天然色イーストマンカラーなどのカラー映画が出現した。

カラー映画の歴史は結構古く、イギリスで１９０９（明治42）年に「キネマカラー」と呼ぶカラー映画が上映されたのが始まりとされる。このキネマカラーは、１秒間に32コマ流れるモノクロフィルムの中に、赤と緑一色で着色されたコマを交互に流すと、目の残像でカラーに見えるというものであった。イギリスではこのキネマカラー映画は約5年ほど人気を呼んだが、画像の暗さや目の疲れ、また製作する側ではモノクロ映画の倍以上のフィルムを必要とすることや屋外などの明るい場所での撮影に限定されるなど、多くの欠点を抱えた方式であったため、第一次世界大戦を契機に消滅の道をたどった。

日本でもこのキネマカラー映画は、大正２（１９１３）年11月３日から日本初のキネマカラー作品「日光の風景」を東洋商会が上映した。これは風景を写しただけのドキュメント映画だったが、カラー映画に観客は驚嘆した。その後、天然色活動写真（天活）という会社が設立され、大正３年４月に日本初のキネマカラー劇映画「義経千本桜」（吉野二郎監督）が東京浅草キリン館で上映された。

しかし、問題の多いこの方式は短命で終わり、続いてアメリカで三原色方式の「テクニカラー映画」が１９１６（大正5）年に開発された。テクニカラーは簡単に言うと、赤、青、緑のフィルターを通して別々に撮影された画像を現像する際に１本に重ね合わせてカラーに見せるという方式であった。そして１９３２（昭和7）年のウォルト・ディズニー・プロダクション（現ウォルト・ディズニー・カンパニー）製作のアニメーション短編映画『花と木』が、初の上映作品となり、第1回アカデミー賞の短編アニメ賞を受賞している。

さらに１９３５年に、この方式初の長編劇映画「虚栄の市」（ルーベン・マムーリアン、ローウェル・シャーマン監督）が公開された。また、ディズニーの長編アニメーション「白雪姫」が１９３７年にこの方式で公開され、大成功を収めた。日本ではかなり遅れて昭和25（１９５０）年9月に公開された。オールカラーの映画を当時の日本では「総天然色映画」と呼んでいた。

テクニカラーに続いて、「イーストマンカラー」と呼ぶ、現在も使われている方式のカラー映画が１９５２（昭和27）年に登場した。これは三原色を三層に記録できる１本のカラーフィルムを使用するもので、この技術開発により、カラー映画は世界で飛躍的な発展を遂げることとなった。

ところが、日本はテクニカラーが世界の映画の主流を占めるようになっていた昭和10年代から、次第に戦時体制に入っていった。このため、それまで撮影フィルムを全て輸入に頼っていた日本は、国産のフィルムを作り出さなくてはならないこととなった。その結果、昭和９年に富士写真フィルム株式会社が設立され、また小西六写真工業株式会社（現コニカ）も日本独自の映画フィルムの製造に乗り出すこととなった。結局、日本は第二次世界大戦のためにアメリカのテクニカラーの技術が導入されなかったため、逆に国産のカラー映画フィルムの発展を遂げたと言える。

こうして富士フィルムが開発したカラーフィルムを使った日本映画初の総天然色映画となったのが、昭和32年に公開された松竹映画「カルメン故郷に帰る」（木下恵介監督　高峰秀子主演）であった。

一方、小西六は「コニカカラーカメラ」を開発して三色分解したネガを用いる方式で、昭和28年11月、東映が「日輪」（渡辺邦男監督　片岡千恵蔵主演）を公開、好評を博した。さらに戦後解禁になった輸入フィルム、イーストマンカラーを初めて使って大映が、「地獄門」（衣笠貞之助監督　長谷川一夫主演）を公開、翌年のカンヌ国際映画祭でグランプリを受賞するという快挙を成し遂げている。このように昭和30年代には、国産のフジカラー、コニカラー、アメリカのイーストマンカラー、ドイツのアグファカラーのフィルムを使ったカラー映画が、日本映画全盛期を支えていったのである。

シネマスコープの出現

シネマスコープが出現して日本で最初に公開されたのは、昭和29年正月にアメリカ映画「聖衣」（ヘンリー・コスター監督　リチャード・バートン主演）であった。また日本映画のシネマスコープで最初の公開は、昭和32年に東映の「鳳城の花嫁」（松田定次監督　大友柳太朗主演）で、それ以来各社の映画はシネマスコープで製作された。

シネマスコープ（略称シネスコ）は、二十世紀フォックス社が開発した縦横比１：２・66の横長のワイド画面で、従来のスタンダード映写画面が縦一に対し横１・33サイズだったため、シネマスコープはかなり画面が大きく見えた。そのために映画館では高価なシネスコ用映写レンズの設備をしなければならなかった。

ただ、シネマスコープは二十世紀フォックス社の登録商標であったため、日本の映画各社は東映スコープ、松竹グランドスコープというように社名を「スコープ」の前に冠してシネマスコープ映画を製作した。この他、アメリカの映画各社はよりワイドな画面の映画製作をめざし、パラマウント映画は、縦横比１：１・85の「ビスタビジョン」、さらにパナビジョン社は１：２・35～２・４サイズの「パナビジョン」を、そしてテクニカラー社は、１：２・35の「テク

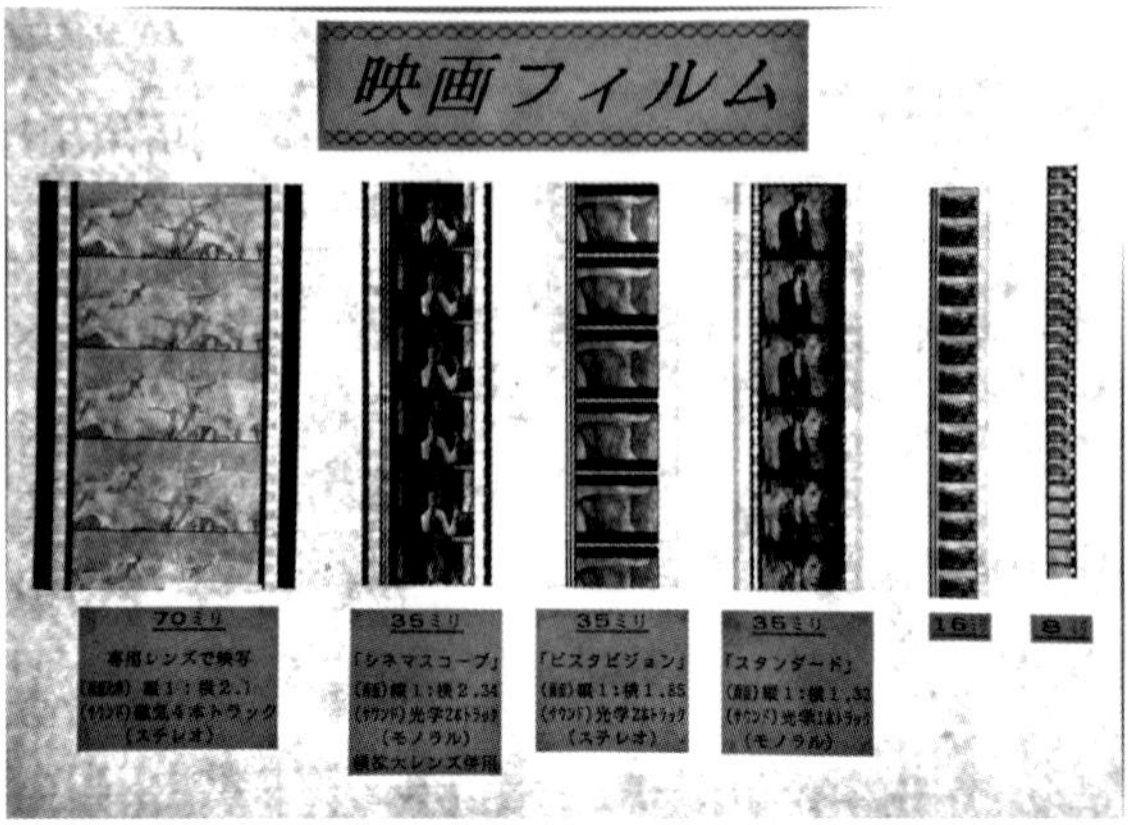

左より70㎜、35㎜（シネマスコープ）、35㎜（ビスタビジョン）、35㎜（スタンダード）、16㎜、8㎜フィルム（中谷治氏所蔵）

ニラマ」を開発するなど画面の大型化が流行した。今日使われているほとんどが、この時代に生み出された。

さらにアメリカでは、自家用車に乗ったままで映画を見るドライブインシアターが出現した。それには超大型スクリーンに鮮明に映写が出来る、70ミリフィルム映画が導入された。

70ミリ画面は通常の35ミリフィルムより高品質で、縦1に対し横2・27サイズであったので、スタンダード映画では問題にならないくらいの迫力を生んだ。県内で設置されたのは長野第二映画劇場と長野パレスの2館だけであった。

長野第二映画劇場では昭和35年に建物を2倍に拡張して70ミリで「クレオパトラ」（ジョセフ・L・マンキウィッツ監督　エリザベス・テイラー主演　昭和38年）、「北京の55日」（ニコラス・レイ監督　チャールトン・ヘストン主演　昭和38年）、「マイ・フェア・レディ」（ジョージ・キューカー監督　オードリー・ヘップバーン主演　昭和39年）、「サウンド・オブ・ミュージック」（ロバート・ワイズ監督　ジュリー・アンドリュース主演　昭和40年）を続々と上映、長蛇の列をなすほど大盛況の上映であった。

第5章　全盛と凋落の映画界

テレビの登場と高度経済成長の時代へ

「神武景気」を契機に戦後からの復興に区切りをつけた日本は、高度経済成長への道歩み始める。その昭和30年代がどのような時代であったかを概観しておこう。

政界では、日本社会党が躍進を遂げ、このため保守政党の日本民主党と自由党は合同して「自由民主党」が誕生、保革二大政党がしのぎを削る「55年体制」が確立、その後長い間、日本の政治を動かしていくことになった。翌年の昭和31年12月には国際連合に加盟調印し、世界に日本が認められる飛躍の年になった。

映画界の命運を左右することとなったテレビの登場は、この昭和30年代前半のことであった。まずＮＨＫがテレビの本放送を開始したのが昭和28年2月のことで、同年には民放の日本テレビが、さらに同30年にラジオ東京（現ＴＢＳテレビ）が、そして同34年に日本教育テレビ（現テレビ朝日）と富士テレビジョン（現フジテレビジョン）が相次いで開局、放送を始めた。前年の33年12月には東京港区芝公園内に東京タワーが竣工しており、各放送局はこの電波塔を利用して、全国への放送を可能にした。

長野県内では昭和32年5月30日からＮＨＫ長野放送局がテレビ放送を開始、続いてＳＢＣ信越放送が翌33年10月に放送を開始している。

また、昭和34年4月10日に、皇太子殿下と美智子妃殿下（現・天皇陛下ご夫妻）のご成婚パレードがテレビ中継され、駆け込み受信契約は一気に伸び、２００万台を超えた（長野県内は10万台を昭和35年に突破している）。しかし、テレビ受像機の値段はまだまだ高く20万円前後（昭和35年の大卒男子の平均初任給は1万６１１５円）であったため、庶民の家庭には高嶺の花であった。したがって、テレビのある富裕層のお宅へ見に押しかけたり、街角での街頭テレビや食堂や駅の待合室などにテレビが設けられ、人々はそれを見て楽しんだ。

昭和35年は激動の年であった。日米安全保障条約調印をめぐり、国内は反安保闘争が各地で繰り広げられた。６月15日には国会議事堂周辺で安保改定阻止実力行使行動が行われ、東大の女子学生が死亡する騒ぎとなった。さらにその後、当時の社会党委員長浅沼稲次郎が右翼少年に刺殺されるなど国内は騒然とした状況が続いた。

安保条約は自然承認され、一連の騒ぎの責任を取って岸信介内閣は総辞職、代わって池田勇人内閣が誕生、国民の所得倍増計画が発表され、日本は高度経済成長へと突き進んでいった。

テレビ普及で凋落の映画界

映画が一気に観客動員数を減らした原因は、テレビの普及が大きく影響している。そのきっかけは、昭和33年４月10日の皇太子殿下（現天皇陛下）ご成婚にあった。ご成婚パレードがテレビで生中継されることになり、テレビ受像機が爆発的に売れた。以後、高度経済成長の波に乗って日本は飛躍的な経済発展を遂げていく。その象徴たる昭和39（１９６４）年10月10日に開催された第18回オリンピック東京大会は、アジア初のオリンピック開催であり、また敗戦国日本がみごと立ち直って経済発展を進めている姿に、世界中が注目した大会となった。

また、前年の38年11月22日、ケネディアメリカ大統領がダラスで暗殺される衝撃的な事件が勃発した。ちょうどこの日、日米間でリレー衛星を使った初めてのテレビ宇宙中継（現在の衛星中継）の実験が行われる日であり、ケネディ大統領死去の悲報が日米間で初めて生中継され、テレビ画面に釘付けになった家庭も多かった。

このようにその速報性や娯楽を楽しんだり、教養を学んだりする上で庶民にとってテレビはまたたく間に家庭の必需品となった。そのため、映画は次第に人々の娯楽の中心ではなくなっていった。

長野市内でも閉館が相次ぐ

長野市においても昭和30年代後半から40年代になって再映館の閉館が相次いだ。

当時長野市郊外の篠ノ井劇場、松代劇場、さらに須坂や中野や湯田中にあった映画館も閉館

館名	所在地	開館／閉館	摘要
●長野ピカデリー（長野第二映画劇場）	田町	昭和 32 年 5 月	再映館で開館、一時新東宝・第二東映・松竹封切り、昭和 39 年洋画封切専門 70mm フィルム映写設備
		昭和 46 年 3 月	
●長野東映劇場	権堂	昭和 33 年 8 月	東映封切り、東映株式会社直営
		平成 18 年 8 月	
●光映シネマ	篠ノ井	昭和 33 年	
		昭和 43 年	
●長野グランド劇場 1・2	権堂	昭和 41 年 4 月	東宝と洋画の封切り、昭和 56 年より東宝直営
		平成 18 年 4 月	
●長野ギャラリコム	川合新田	昭和 61 年 6 月	邦画再映館ビデオ専門で上映
		平成 12 年 1 月	
○シネマポイント	権堂	平成 12 年 12 月	大型店舗イトーヨーカドー内のシネマサロン
		営業中	
○長野グランドシネマズ	権堂	平成 18 年 6 月	邦洋全社封切り、シネマコンプレックス 8 スクリーン
		営業中	

○＝営業中　●＝閉館

し、昭和40年代前半までには北信地区での映画館は旧長野市内のみとなった。封切館も映画会社の直営館になったり、また新たな映画館の開設などがあり、かなり動きがあった。

長野活動館は昭和32年から日活の封切り専門館であったが、前記のように昭和37年に閉館したため、千石劇場が日活映画の直営館となった。そして、昭和53（1978）年には、「長野にっかつ映画劇場」と改名して、千石小劇場が日活ロマンポルノの直営館となった。

ところで長野市では洋画の封切り専門館は、千石映画劇場と千石小劇場が有名であったが、昭和37年の日活活動館の閉館にともない、千石劇場は日活の封切館となった。昭和32年に長野スカラ座（その後、昭和36年に長野パレスを経て、昭和48年四月に閉館）ができ、また同39年には長野ピカデリー劇場が洋画封切館となった（昭和44年には松竹映画の封切館となる）。さ

長野市内の映画館変遷（開館順　平成 24 年２月現在）

館名	所在地	開館 閉館	摘要
○相生座・ 長野ロキシー１・２ (千歳座)	権堂	明治 25 年 営業中	松竹・大映の封切り、昭和 59 年に分割してロキシー①と②を増設
●長野演芸館	東之門	大正７年１月 昭和 48 年５月	松竹・大映の封切り、昭和 48 年火災消失で閉館
●長野活動館 (長野日活映画劇場)	南石堂	大正８年 12 月 昭和 37 年 11 月	昭和 31 年まで東宝映画封切り昭和 32 年に日活鮒直営で「日活活動館」に改名して日活映画封切り
●ニュー商工 (菊田劇場、商工会館)	西鶴賀	昭和２年２月 平成 24 年１月	芝居の菊田劇場で開館、戦後東映映画封切、昭和 39 年にポルノ映画に転向、解体して平成５年４月新築
●長野中央映画劇場	権堂	昭和 23 年 12 月 平成 19 年４月	当初市営で洋画専門館で開館。昭和 31 年より東宝直営
●吉田映画劇場	吉田	昭和 25 年８月 昭和 37 年５月	松竹・大映・東映・洋画の再映館
○千石映画劇場 Ｉ・２・３	南千歳	昭和 25 年 12 月 営業中	洋画専門封切り、一時日活映画の封切り、昭和 63 年に②、平成 11 年に③を分割して併設
●千石小劇場 (長野につかっ映画劇場)	南千歳	昭和 25 年 12 月 平成３年２月	洋画専門封切り、昭和 53 年に「につかっ映画劇場」に改名してポルノ映画上映
●七瀬劇場	七瀬	昭和 28 年 11 月 昭和 39 年３月	邦画再映館で開館、昭和 39 年よりストリップ劇場に
●松代活動館	松代		大正半ばに芝居小屋として出発　映画と実演
●篠ノ井映画劇場	篠ノ井	昭和 30 年 昭和 42 年	昭和３年開館の芝居小屋篠ノ井劇場　映画と実演
●吉田セントラル劇場	吉田	昭和 30 年６月 昭和 36 年３月	東宝・日活・洋画の再映館
●長野映画劇場	田町	昭和 30 年８月 昭和 41 年４月	邦洋の再映館、
●裾花映画劇場	中御所	昭和 30 年 11 月 昭和 38 年２月	邦画の再映館、昭和 38 年よりストリップ実演と映画
●東劇	東鶴賀	昭和 31 年２月 昭和 48 年１月	洋画の再映館、
●長野パレス (長野スカラ座)	緑町	昭和 32 年３月 昭和 48 年４月	洋画封切り、70mm フィルム映写設備

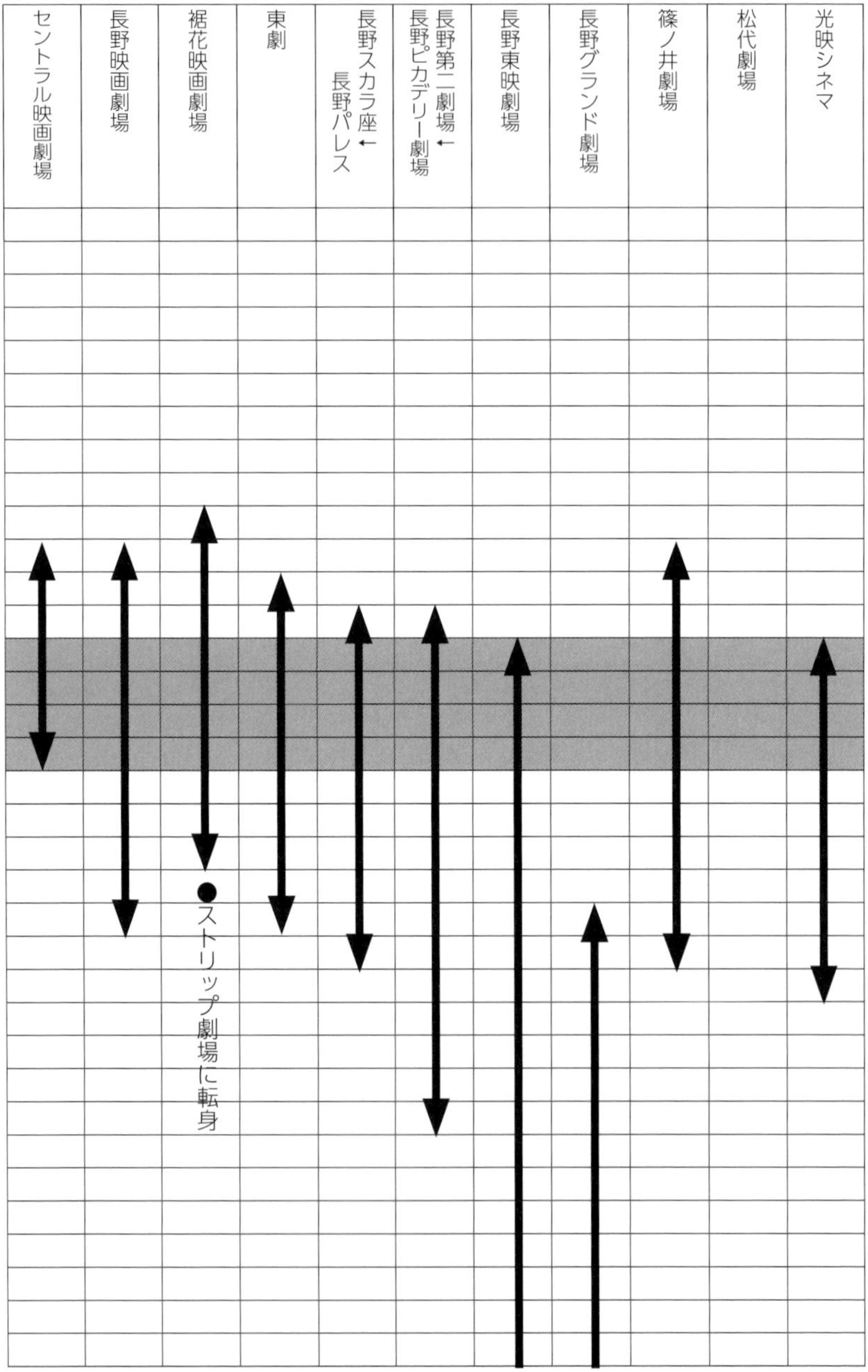
セントラル映画劇場
長野映画劇場
裾花映画劇場
東劇
長野スカラ座←長野パレス
長野第二劇場←長野ピカデリー劇場
長野東映劇場
長野グランド劇場
篠ノ井劇場
松代劇場
光映シネマ
●ストリップ劇場に転身

昭和	西暦	相生座←松竹相生座/長野ロキシー	長野演芸館←長野エンゲイ館	長野活動館	菊田劇場←長野商工会館	長野中央映画劇場	吉田映画劇場	千石劇場	千石小劇場	七瀬劇場
20	1945									
21	1946									
22	1947									
23	1948									
24	1949									
25	1950				●「長野商工会館」に改名					
26	1951									
27	1952									
28	1953									
29	1954		●「長野エンゲイ館」に改名							
30	1955									
31	1956									
32	1957									
33	1958									
34	1959									
35	1960									
36	1961									
37	1962									
38	1963								●「長野にっかつ劇場」に改名。成人映画専門となる	
39	1964				●「ニュー商工」に改名。成人映画専門となる					●ストリップ劇場に転身
40	1965									
41	1966									
42	1967									
43	1968									
44	1969									
45	1970									
46	1971									
47	1972									
48	1973		●火災で消失							
49	1974									
50	1975									
51	1976									
52	1977									
53	1978									
54	1979									

らに長野グランド劇場が昭和41年４月29日に開館し、オープン記念映画として「メリー・ポピンズ」（アメリカ　ロバート・スティーブンソン監督　ジュリー・アンドリュース主演）を上映、評判をとった。したがって、長野市内では昭和40年代前半には、長野ピカデリー、長野グランド、長野パレスの３館が洋画封切館であった。

映画界衰退の中での模索

映画界では、テレビの台頭に手をこまねいていたわけではなかった。邦画５社（従来の新東宝は昭和36年に倒産）は、五社協定を結び、自社専属俳優のテレビへの出演を拒否したり、古い自社作品の販売を禁止したため、テレビ各局はアメリカからテレビ映画を輸入して放送した。テレビ局が開局した当時は、相撲やプロ野球、あるいは歌舞伎や新派、落語などの劇場中継が主で、ドラマをフィルム撮影する製作体制は出来上がっていなかった。このため映画各社から古い作品を買い取り、放送していたが、購入代金を巡るトラブルから、前記の五社協定が生まれ、映画を放送することができなくなった。

輸入されたテレビ映画は映画と同様、フィルムで撮影してテレビで放送するというもので、そのまま映画上映もできた。当時のテレビ映画の中には、ＮＨＫの放送で「ハイウェイ・パトロール」やラジオ東京テレビ（現ＴＢＳ）で放送の「カウボーイＧメン」、あるいは西部劇では「ローン・レンジャー」、「拳銃無宿」、「ララミー牧場」、「ローハイド」、「ライフルマン」、「ブロンコ」など、コメディーでは「アイ・ラブ・ルーシー」、「三バカ大将」、刑事ものでは「モーガン警部」など数え上げればきりがないほど多数のアメリカテレビ映画が日本で放送された。

１９６０（昭和35〜45）年代に入ると、さらにアメリカテレビ映画は加速し、医者が主人公の「ベン・ケーシー」、法廷ドラマの「ペリー・メースン」、スパイ活劇の「ナポレオン・ソロ」や「スパイ大作戦」、さらには戦争物の「コンバット」などがシリーズで放送され、人気を博した。

こうしたアメリカテレビ映画の影響を受けて、日本でもテレビ映画の製作が始められた。まず、昭和33（１９５８）年2月から「月光仮面」が現在のＴＢＳテレビで放送された。低予算で16ミリフィルムによる撮影のこの番組は、日本初のテレビ映画となり、日本中に大ブームを巻き起こした。そして翌年の七月まで約一年半、放送が続いた。テレビ映画から映画館での映画へという動きもこの月光仮面から始まった。映画版の「月光仮面」（小林恒夫監督　大村文武主演　昭和33年）は、東映がシリーズで全6作を翌年の34年まで製作し、上映した。

映画五社の中では、東映と大映がいち早くテレビの将来に目を向けていた。ＮＥＴ（現テレビ朝日）に資本参加していた東映は、テレビ制作会社東映テレビプロダクションを設立してテレビ映画「風小僧」（目黒祐樹・山城新吾主演）や「七色仮面」（千葉真一主演）を製作、ＮＥＴから放送して子どもを中心に大変な人気を得ることとなった。このテレビ映画は、その後フィルムを再編集して映画館で上映されたが、長野市では長野第二映画劇場で上映された。

一方、大映もフジテレビに資本参加し、テレビ制作室（後の大映テレビ）を昭和33年10月に誕生させている。一番のヒット作品はＴＢＳで放送された「ザ・ガードマン」（昭和40年４月〜昭和46年12月）であった。この他に東宝は昭和34年2月に、また松竹は3月にテレビ製作部門を立ち上げている。倒産した新東宝は昭和36年にテレビ映画製作の会社国際放映を設立した。

このように、映画界はもはやテレビに背を向けている時代ではなくなり、逆にテレビとの連携を持ちながら、映画製作に携わることとなっていく。

映画界との連携はテレビ局側からも行われるようになった。ＴＢＳはテレビ映画製作部門を発足させ、昭和41年には特撮番組「ウルトラＱ」をはじめとした特撮テレビ映画シリーズを製作している。他の局でも同様にテレビ映画を製作する部門が誕生している。

変容する映画界

テレビの普及が映画界を衰退させたことは間違いないが、映画黄金期のように作品の質や内容にお構いなしで粗製濫造したことも衰退の一因であったとも思える。１週間の上映期間で３

日本映画産業統計

	映画館数（スクリーン数）	公開本数			入場者数	興行収入	平均料金	配給収入		
		邦画	洋画	合計				邦画	洋画	合計
西暦	スクリーン	本	本	本	千人	百万円	円	百万円	百万円	百万円
1955	5,184	423	193	616	868,912	54,657	63	20,993	10,923	31,916
1958	7,067	504	169	673	1,127,452	72,346	64	29,971	9,435	39,406
1960	7,457	547	216	763	1,014,364	72,798	72	31,125	8,606	39,731
1965	4,649	487	264	751	372,676	75,506	203	22,528	11,230	33,758
1970	3,246	423	236	659	254,799	82,488	324	18,496	12,616	31,112
1975	2,443	333	225	558	174,020	130,750	751	22,871	28,665	51,536
1980	2,364	320	209	529	164,422	165,918	1,009	34,897	28,557	63,454
1985	2,137	319	264	583	155,130	173,438	1,118	35,295	34,080	69,375
1990	1,836	239	465	704	146,000	171,910	1,177	29,407	41,675	71,082
1995	1,776	289	321	610	127,040	157,865	1,243	25,343	43,130	68,473

※ 2000年から興行収入による発表（配給収入発表なし）

	映画館スクリーン数（うちシネコン）	公開本数			入場者数	平均料金	興行収入		
		邦画	洋画	合計			邦画	洋画	合計
西暦	スクリーン	本	本	本	千人	円	百万円	百万円	百万円
2000	2,524（1,123）	282	362	644	135,390	1,262	54,334	116,528	170,862
2005	2,926（1,954）	356	375	731	160,453	1,235	81,780	116,380	198,160
2010	3,412（2,774）	408	308	716	174,358	1,266	118,217	102,521	220,737
2011	3,339（2,774）	441	358	799	144,726	1,252	99,531	81,666	181,197
2012	3,290（2,765）	554	429	983	155,159	1,258	128,181	67,009	195,190
2013	3,318（2,831）	591	526	1,117	155,888	1,246	117,685	76,552	194,237
2014	3,364（2,911）	615	569	1,184	161,116	1,285	120,715	86,319	207,034

（一般社団法人日本映画製作者連盟統計資料より作成）

本立てであれば、否応なしに製作日数は短縮され、次から次へと量産しなければ追いつかなかったこと自体が、映画界にとっては不幸なことであった。

ここに一般社団法人日本映画製作者連盟が毎年更新公開している「日本映画産業統計」があるので、それを見てみよう。

映画の入場者数は明らかに昭和33（1958）年の11億2745万2000人をピークに、年々減少の一途をたどり、平成7（1995）年の1億2704万人まで下がり続けた。

しかし、21世紀に入ると、新たにシネマコンプレックスという新しい複合の映画館が誕生して、長い間低迷の一途をたどっていた映画産業もようやく復興の兆しが見え始めてきた。

なぜ再び映画が戻って来たのであろうか。そこには大きく変容した映画産業の姿を見出すことができる。

その分析をする前に、昭和40年代から昭和60年代、そして平成へと至る間の映画会社と映画館の推移を概観しておきたい。

日本映画界の推移

日活では石原裕次郎や小林旭、東映では中村錦之助や大川橋蔵、大映では市川雷蔵や勝新太郎、東宝は三船敏郎や鶴田浩二、加山雄三、松竹では岡田茉莉子、岩下志麻、倍賞千恵子といったスターシステムによる映画製作は、昭和30年代からさかんに行われた。

昭和40年代に入ると、スターシステムが崩れ、人気俳優たちがそれぞれ独立、自分のプロダクションを持つようになった。それまで五社協定によってスター俳優たちは他社の映画に出演することはできなかった。しかし大スターたちの独立によって、彼らの共演映画が作られるようになった。三船敏郎、中村錦之助、勝新太郎、石原裕次郎らがこの方式を採用してスター共演の大型映画が製作された。その主な作品を挙げてみよう。

昭和42年　「黒部の太陽」（三船プロ・石原プロ製作　熊井啓監督　石原・三船共演　日活配給）
昭和43年　「風林火山」（三船プロ製作　稲垣浩監督　三船・石原・中村共演　東宝配給）
昭和44年　「座頭市と用心棒」（勝プロ製作　岡本喜八監督　勝・三船共演　大映配給）
〃　「新選組」（三船プロ製作　沢島忠監督　三船・中村共演　東宝配給）
昭和45年　「幕末」（中村プロ製作　伊藤大輔監督　中村・三船・吉永小百合共演　東宝配給）
昭和45年　「待ち伏せ」（三船プロ製作　稲垣浩監督　三船・石原・勝・中村・浅丘ルリ子共演　東宝配給）

大スター共演ということで、一時的には興行収入も増え、話題をさらったが次第に飽きられるようになって、大スターたちも銀幕から姿を消していくようになった。

昭和40年代に気を吐いたのは、東映であった。中村錦之助や大川橋蔵、東千代之介といったチャンバラ時代劇のスターたちに代わって、鶴田浩二、高倉健という二大スターを配した任侠映画が爆発的な人気を呼んで、同じようなパターンの内容の映画が繰り返し作られた。鶴田は、「博徒シリーズ」・「博奕打ちシリーズ」・「列伝シリーズ」などを持ち、高倉は「日本侠客伝シリーズ」・「網走番外地シリーズ」・「昭和残侠伝シリーズ」を持つなど、衰退期の映画界を背負ったと言っても過言ではない。

　この昭和40年代は、団塊世代の若者たちがそれまでの価値観に抵抗し、大学や労組を中心に変革を求める闘争を繰り広げた時代であった。この動きは日本だけにとどまらず、特に先進国と言われる米国やヨーロッパでも、若者たちの権力への抵抗運動が燎原の火のごとくに燃え広がっていた時代であった。折から1970年安保改定問題もあり、日本各地でゲバルト闘争が激しさを増していた。

　東映の任侠映画がこうした若者たちの心を捉え、理不尽な権力機構に1人立ち向かうといった映画のパターンに熱狂的な支持が集まったといえる。東京の池袋文芸座などの二番館では、土曜日の夜にオールナイトで東映やくざ映画を五本立て上映し、客席は立錐の余地もないほどにあふれかえった。

　若者たちの反権力へのエネルギーは、映画ばかりでなく演劇界にも、音楽界にもあるいは美術界にも大きな影響を与えた。唐十郎や寺山修司のアングラ演劇、フォークソングやグループサウンズ、アンディ・ウォーホルや横尾忠則などのイラストや絵画など、あらゆる芸術界が既成の価値観を打ち破り、新しい芸術を創造していった時代であった。映画界も東映の任侠映画に触発されるように、日活や松竹、大映でもやくざや暴力団を題材とした映画が作られた。

　しかし、任侠映画にも陰りが見られたが、それに代わって東映は菅原文太を主演とした実録路線の「仁義なき戦い」シリーズ、さらに「トラック野郎」シリーズと衰退する映画界で1人気を吐いた。

日活は石原裕次郎が独立した後、衰退の一途をたどる。しかし昭和43年以後同46年まで、渡哲也を中心に、藤竜也、郷鍈治、原田芳雄、梶芽衣子らが奮闘、「女番長・野良猫ロック」（長谷部安春監督）や「反逆のメロディー」（澤田幸弘監督）、「ワイルド・ジャンボ」（藤田敏八監督）など「日活ニューアクション」という新しいスタイルを作り上げ、長谷部安春、藤田敏八、澤田幸弘ら新進気鋭の若手監督らが、斬新な映像を世に送り出し、学生闘争の終焉を迎えていた若者たちに圧倒的な支持を受けた。

しかし、それも長く続かず、日活と同様に経営に苦しんでいた大映と合体してダイニチ映配という配給会社を立ち上げたが、それも焼け石に水で、46年の「八月の濡れた砂」（藤田敏八監督）と「不良少女魔子」（蔵原惟二監督）の２本を最後に完全に一般映画は製作されなくなった。そして同年11月からは「日活ロマンポルノ」と銘打った成人映画を製作、配給することとなり、以後16年間にわたりポルノ映画が製作された。

製作現場の監督や俳優、スタッフたちにとっては、「映画製作の火を消すな」という強い思いと同時にポルノ映画というジャンルに葛藤し、退職する者、違う道に進む者、現場に残る者、それぞれが苦しんだ。しかし、会社の方針とは別個にポルノ映画に挑んだ若手監督たちは、それまでとは違った新しい映像美を画面に作り出していった。長野県白馬村出身の田中登をはじめ、神代辰巳、根岸吉太郎、西村昭五郎、村川透など実力のある監督たちを輩出した。

一方、松竹は昭和30年代なかばに大島渚、吉田喜重、篠田正浩ら「松竹ヌーベルバーグ」と呼ばれるメッセージ性の強い映画を製作、それまでの娯楽性から脱皮した哲学的な映画作りが行われたが、興行面では芳しくなかった。これら若手監督たちはそれぞれに独立し、以後社会性をもった問題作を発表していった。ただ、山田洋次監督が渥美清を主演に撮った「男はつらいよ」シリーズのフーテンの寅さんは映画史にも残る映画で、昭和44（１９６９）年８月に第１作が公開され、平成７（１９９５）年までに実に全48作品（この他に渥美の死後特別編が製作公開されている）という驚異的な、世界の映画史にも見られないギネス記録の最長映画シリーズとなった。

日本映画界の草分け的存在であった東宝も、衰退期を迎え苦難の経営を迫られた。東宝はゴジラ映画を始め、家族が安心して観賞できる映画作りを目指していたため、やくざ映画やポルノ路線を進むことはなかったが、製作部門を本社から切り離す独自方式で苦境の映画界を乗り切ることとなった。

外国映画と若者

戦後、GHQの指導のもと、外国映画はアメリカ映画しか日本では上映されなかった。しかし、昭和22（1947）年、イギリス・フランス・イタリア・ソ連の映画が解禁となったが、輸入業者は1国1社で、しかも日本人業者は認めないという厳しい制限が付され、自由に輸入することができなかった。

その後、サンフランシスコ講和条約調印をもって、それまで敗戦国の苦しみを甘受していた日本は、ようやく主権国家としての道を歩き始めた。映画界でも昭和27年になると制限も解放され、外国映画が次々と輸入されていった。戦前から外国映画の輸入に実力があった川喜多長政が経営する東和映画をはじめ外国映画輸入会社が作られた。

日本映画の規模とはくらべものにならない迫力ある欧米映画は、日本人の欧米への憧れも手伝って、大いに観客動員を果たした。

特に時代ごとに、外国映画は若者たちの心を捉えて離さなかった。例えば、アメリカのジェームス・ディーンが主演した「エデンの東」（エリア・カザン監督　昭和30年公開）、同「理由なき反抗」（ニコラス・レイ監督　昭和30年公開）、あるいはポーランド映画の「灰とダイヤモンド」（アンジェイ・ワイダ監督　ズビグニエフ・チブルスキー主演　昭和33年公開）、フランス映画でアラン・ドロン主演の「太陽がいっぱい」（ルネ・クレマン監督　昭和35年公開）、フランス映画「勝手にしやがれ」（ジャン・リュック・ゴダール監督　ジャン・ポール・ベルモンド主演　昭和35年公開）、アメリカ映画「イージー・ライダー」（デニス・ホッパー監督　昭和45年公開）など、若者の鮮烈な心情を描いたこれらの作品は、いつの時代でも若者たちの心を揺さぶった。

ＡＴＧ映画の登場

昭和36（１９６１）年11月15日に、ＡＴＧ（日本アート・シアター・ギルド）が誕生した。この映画会社は、それまでの娯楽主義的な映画ではない、芸術映画の製作・配給を行い、その後の日本映画に大きな影響を与えた。

アート・シアター・ギルドの映画が登場した背景には、多分に日本及び世界の政治的状況が、若者たちの閉塞感を生み出していたことに起因するといっても過言ではないだろう。米ソ両国の冷戦による代理戦争が世界各地で頻発したが、とりわけベトナム戦争（１９６０～１９７５年）は、世界的な反戦運動を引き起こすと共に、大きな社会的影響を与えることとなった。

こうした状況を踏まえ、映画界でもアジア映画あるいはフランスのヌーヴェルヴァーグ（新しい波）への関心が高まっていった。戦前から映画輸入の配給に活躍していた東和映画の川喜多かしこ副社長は、商業的とは言えない芸術映画の配給に力を注ぎ、「アート・シアター」（芸術映画の上映館）設立に奔走していた。

その結果、当時の東宝副社長森岩雄、三和興行の井関種雄らが賛同、昭和36年11月、ＡＴＧが発足し、以後平成４（１９９２）年まで、芸術映画の製作と配給を続けた。32年間にわたるＡＴＧの活動は、日本映画界に大きな影響を与えた。映画が娯楽主義だけでなく、社会や人間の存在に関わる問題を描き出す手段でもあるということを強いメッセージをもって、観客に投げかけた。

映画を製作する側も見る側も、ともに映画を通して考え、学ぶ場がＡＴＧ映画によって与えられたとも言えるのではないだろうか。ＡＴＧは初期の頃は、洋画の配給にとどまっていた。第１回配給作品は「尼僧ヨアンナ」（ポーランド　イエジー・カワレロウィッチ監督　昭和37年公開）で、その年度には九本の作品を配給した。その中には、スウェーデン映画の「もだえ」（アルフ・シェーベルイ監督）と問題作「野いちご」（イングマール・ベルイマン監督）が上映され、大きな話題をさらった。さらに、邦画の「おとし穴」（勅使河原宏監督）と「人間」（新藤兼人監督）が公開された。

配給された主な話題作を次に揚げておこう。

尼僧ヨアンナ（ポーランド　イエジー・カワレロウィッチ監督　昭和37年公開）

野いちご（スウェーデン　イングマール・ベルイマン監督　昭和37年公開）
ピアニストを撃て（フランス　フランソワ・トリュフォー監督　昭和38年公開）
第七の封印（スウェーデン　イングマール・ベルイマン監督　昭和38年公開）
イワン雷帝（ソビエト　セルゲイ・エイゼンシュテイン監督 昭和39年公開）
ビリディアナ（スペイン　ルイス・ブニュエル監督　昭和39年公開）
アメリカの影（アメリカ　ジョン・カサヴェテス監督　昭和40年公開）
市民ケーン（アメリカ　オーソン・ウェルズ監督　昭和41年公開）
大地のうた（インド　サタジット・レイ監督　昭和41年公開）
気狂いピエロ（フランス　ジャン・リュック・ゴダール監督昭和42年公開）
戦艦ポチョムキン（ソビエト　セルゲイ・エイゼンシュテイン監督　昭和42年公開）
ボギー！　俺も男だ（アメリカ　ハーバート・ロス監督　昭和48年公開）
ミュリエル（フランス・イタリア　アラン・レネ監督　昭和49年公開）
ブルジョワジーの秘かな愉しみ（フランス　ルイス・ブニュエル監督　昭和49年）他

ＡＴＧ映画は、専門の映画館（東京日劇文化、名古屋名宝文化、大阪北野シネマ、福岡東宝名画座、札幌公楽文化、新宿文化、横浜相鉄文化、東京後楽園アート・シアター、京都朝日会館、神戸スカイ・シネマ）のみでの上映であったため、地方の人々はなかなかＡＴＧ映画を見る機会がなかった。

そこで長野市では、長野映画劇場で「優秀映画同好会」を立ち上げ、ＡＴＧ映画などふだん見ることの出来ない映画を選定して、月１回夜一回のみの上映会を続けた（この件に関しては第１部で詳述している）。その第1回上映会ではフランス映画「突然炎のごとく」（フランソワ・トリュフォー監督　昭和37年公開）が上映された。

その後、ＡＴＧ映画は配給だけでなく、一〇〇〇万円と低予算ではあったが製作にも乗り出した。大島渚の「絞死刑」（昭和43年公開）、「新宿泥棒日記」（昭和44年公開）、吉田喜重監督の「エロス＋虐殺」（昭和45年公開）、「煉獄エロイカ」（同年公開）、松本俊夫監督の「薔薇の葬列」（昭和44年公開）など、話題作を次々に製作、各年度の各映画賞に必ず登場するなど、評判になった。

しかし、やはり商業主義的な興行ではなかったために、失敗作も多く経営は次第に苦しいものとなっていった。昭和50年代には森田芳光や長谷川和彦、黒木和雄、根岸吉太郎、大森一樹らの若手監督を起用して意欲作を製作・公開したが、平成４（１９９２）年、新藤兼人監督の「墨東綺譚」を最後に、ＡＴＧ映画は幕を閉じた。

ＡＴＧ映画によって、世界の力のある監督たちの作品が日本で公開され、それに刺激を受けた若手監督も数多い。興行的には成功しなかったが、映画芸術とは何かをＡＴＧ映画は人々に突きつけたことは確かであった。

第６章　映画製作の多様化とシネマコンプレックスの登場

角川映画の登場

映画産業が黄金期を誇っていた昭和30年代前半頃までは、日本映画の大半は、大手五社の映画会社が製作、配給をしていた。しかし、昭和34年の皇太子ご成婚、同39年の東京オリンピックが加速度的にテレビの普及を促し、映画産業が凋落期を迎えると、映画はさまざまな形で製作されるようになった。

前記のATG映画もATGと独立プロダクションが製作資金を出し合って製作する形が取られた。このように多大な資金を必要とする映画製作は、従来のように大手の映画会社が製作部門まで抱え込んで製作するのでは、経営が圧迫されるのは目に見えていた。そこで、外部の製作専門の会社に委託するか、映画産業とは全く異なる業種が参入して資金提供するか、あるいは映像作家が独自にスポンサーを探して自主製作するかなど、さまざまな形が取られるようになった。

昭和51（1976）年、出版界大手の角川書店の角川春樹が、横溝正史の「犬神家の一族」（市川崑監督　石坂浩二主演）を製作、公開した。角川は横溝の推理小説の売上げ向上を狙って、映画と小説というジャンルの違う2つのメディアを抱き合わせたメディアミックスにより、相乗効果を高め、両者の売上げ増大を目論んだ。さらに、テレビ媒体を巻き込むことにより、映画宣伝をテレビのCMで流し、さらに効果を高めた。

その結果、沈滞する映画界に一大旋風を巻き起こし、莫大な興行収入を得るに至った。その余勢を駆って、翌52年には、三船敏郎や鶴田浩二といった主演クラスの俳優を脇役に使い、売り出し中だった松田優作を主演にした「人間の証明」（佐藤純彌監督）を公開した。まだ、配給網を持たなかった角川は、配給を東映、興行を東宝洋画系の映画館で上映するなど、それまでの映画界の常識を一変させる映画作りを行った。

以後、時代の寵児となった角川春樹は、映画・書籍・テレビ・新聞などあらゆるメディアを総動員するメディアミックスを展開、巨大な収益を挙げた。映画上映は大作の1本立て上映で、それまでの封切り2本立て上映という慣習を破るものであった。

こうして角川映画は、１９８０年代まで次々と大作主義で製作を続けたが、１９９０年代に入ると、本体の角川書店の内紛や春樹の薬物事件などから、輝かしい映画製作は終焉を迎える。兄春樹から経営権が弟歴彦に移って、新たに角川映画は継続されたが、往年のような華々しい映画製作は行われず、結果として地道な映画製作や興行に移行している。

ただし、角川映画が映画界に与えた影響は計り知れないものがあった。それは映画界だけにとどまらず、異業種間による映画製作参入の道が拓かれたことも事実であった。

角川映画の主要な作品群を見てみよう。

犬神家の一族（市川崑監督　昭和51年）
野性の証明（佐藤純彌監督　昭和53年）
戦国自衛隊（斎藤光正監督　昭和54年）
野獣死すべし（村川透監督　昭和55年）
悪霊島（篠田正浩監督　昭和56年）
蒲田行進曲（深作欣二監督　昭和57年）
時をかける少女（大林宣彦　昭和58年）
麻雀放浪記（和田誠監督　昭和59年）
友よ、静かに瞑れ（崔洋一監督　昭和60年）
天と地と（角川春樹監督　平成2年）
沈まぬ太陽（若松節朗監督 平成21年）
人間の証明（佐藤純彌監督　昭和52年）
蘇える金狼（村川透監督　昭和54年）
復活の日（深作欣二監督　昭和55年）
魔界転生（深作欣二監督　昭和56年）
セーラー服と機関銃（相米慎二監督　昭和56年）
伊賀忍法帖（斎藤光正　昭和57年）
里見八犬伝（深作欣二監督　昭和58年）
天国にいちばん近い島（大林宣彦監督　昭和59年）
ぼくらの七日間戦争（菅原比呂志監督　昭和63年）
天河伝説殺人事件（市川崑監督　平成3年）
人間失格（荒戸源次郎監督　平成23年）

テレビ局が製作に参入

角川映画は日本映画界に大きな刺激を与えた。これまでテレビに対してライバル的な視点しか持たなかった映画界は、角川のテレビＣＭを駆使した大宣伝力、並びに書籍・新聞・テレビといったマスメディアとの融合は新しい映画製作のあり方を考えさせるものであった。

カラーテレビの普及率は、昭和40年代初めにはわずか０・３％だったが、10年後の昭和50年には90・３％を占めるまでになった。つまりテレビのない家は、ごくわずかしかないという状態になった。以後、ほぼ一〇〇％近くを維持しているが、これは人々の生活がテレビなくして成り立たないほどの影響力を、テレビが持っていることを意味している。

テレビ局が映画製作に参入し始めたのは、こうしたテレビが持つ力があったからである。テレビ局はかつて、映画会社から古い映画を購入してテレビ放映をしていた。しかし、人気テレビドラマを逆に映画化して、劇場で放映するというこれまでの流れとは逆の現象が生まれ始めた。テレビドラマが全国で人気になれば、それはとてつもない宣伝力であり、映画化しても確実に興行収入が得られる点で、テレビ局にとって極めて大きなメリットを生む方式であった。

しかし、映画製作には莫大な資金が必要とされる。何億、大作ともなれば何十億というお金が必要となる場合もある。そして、大金を掛けて作られた映画が必ずしもヒットするとは限らない。資金回収ができず赤字となる映画の方がむしろ多いと言われている。そこで１社だけで製作の負担を負うのではなく、いくつかの企業や広告代理店、団体あるいは個人が製作資金を出し合って「製作委員会」を作り、製作資金だけでなく、広告宣伝、配給まで一連の映画づくりに関わっていく方式が採られるようになった。これを「製作委員会方式」と呼んでおり、今日の映画製作の主流を占めている。

この製作委員会方式の中でも。テレビ局は主導的な立場を取り、後々、製作した映画のテレビ放映権を得る、あるいは映画ＣＭをテレビでたくさん流せるなど、大きなメリットを持つことができるため、テレビ局は積極的に映画製作に乗り出すようになった。

自治体が製作に協力するフィルムコミッション

日本には映画やテレビドラマの撮影を行う際に、ロケ隊に協力する地元の組織がなかった。映画が地域の経済や文化、観光に多大な影響を与えるものだということが、近年になってようやく認識されるようになった。

そこで平成12（２０００）年2月、日本初の民間による「フィルム・コミッション設立研究会」（委員長佐藤忠男）が設立された。つまり、映画・テレビドラマ・テレビＣＭなどの撮影に際し、自治体などが、ロケ地探し、エキストラの手配、スタッフ・キャストの宿泊や食事などの情報提供、またレンタカーや撮影許可申請についてなどの情報提供を行い、撮影がスムーズに進行するよう手助けする組織である。

長野県内でも平成13（2001）年6月に上田市で「信州上田フィルムコミッション」が設立されたのを手始めに、次々と各都市でフィルムコミッションが作られた。こうした動きは、現在当たり前になり、映画が一部の人だけで作られていた時代とは違い、誰でもが参加できる形になってきている。映画は観るだけでなく、自らが映画作りに参加して楽しむものに変化してきていると言ってもいいだろう。

かつて映画の黄金期にも、地域の祭りやイベントをドラマの中に取り込んで、観光誘致に役立てようとした動きはあった。しかし、現在のように、地域住民が主体となって単なる観光映画ではなく、重厚なドラマを地域発で作り上げる動きは、今後もますます活発になっていくと思われる。それだけ、映画が身近なものに変化してきたのである。

シネマコンプレックスの登場

第1部で述べられているように映画観客人口が年々減少傾向にあった平成5（1993）年

４月24日、神奈川県海老名市に日本初のシネマコンプレックス（以下シネコン）、ワーナー・マイカル・シネマズ海老名（現・イオンシネマ海老名）がオープンした。名前が示すようにこの映画館は、アメリカ資本でつくられたものであったが、７スクリーン数を持つ巨大な映画館であった。

それまで、複数のスクリーンを持つ映画館の試みは日本でも早くから行われてきた。例えば横浜市の「横浜東宝会館」はすでに昭和31（１９５６）年に「映画のデパート」という名目で４スクリーンを持っていたし、同じ横浜市の相鉄ムービルは昭和46（１９７１）年３月に「日本初の五館をパックした映画館ビル」と称して、営業を行っていた。この他にも複数のスクリーンを持つ映画館は昭和50年代末から同60年代初めに結構日本で造られていた。しかし、これらの映画館が今日言うところの本格的な「シネコン」であったかというと、いろいろな面でそうとは言い切れない。例えば、映写室が別々であったり、同一フロアを共有していない、または入替え制が導入されていなかったりであった。

ワーナー・マイカル・シネマズ海老名が開館した平成５年を境に、それまで減少一方だった日本国内のスクリーン数は増加に転じた。その意味でこのシネコンの登場は画期的なことであった。当初、海老名市の人口や立地などを考えると、とてもシネコンなど成り立たないと考えられていたが、１スクリーン当たりの興行収入が当時の全国平均を上回る９２００万円と予想外の成功を収めた。この海老名のシネコンの成功がきっかけとなって、斜陽産業と揶揄されていた映画界は俄然活況を呈することとなっていく。外資はもちろん、国内の映画各社も平成に入り、シネコンの建設に次々と取りかかっていった。

商業施設との併設や専属の駐車場を持ち、映画以外に飲食物の販売などでの収益、さらに一括管理ができる点でのコスト削減など、従来の映画館とは比べものにならないほどの収益が見込めた。

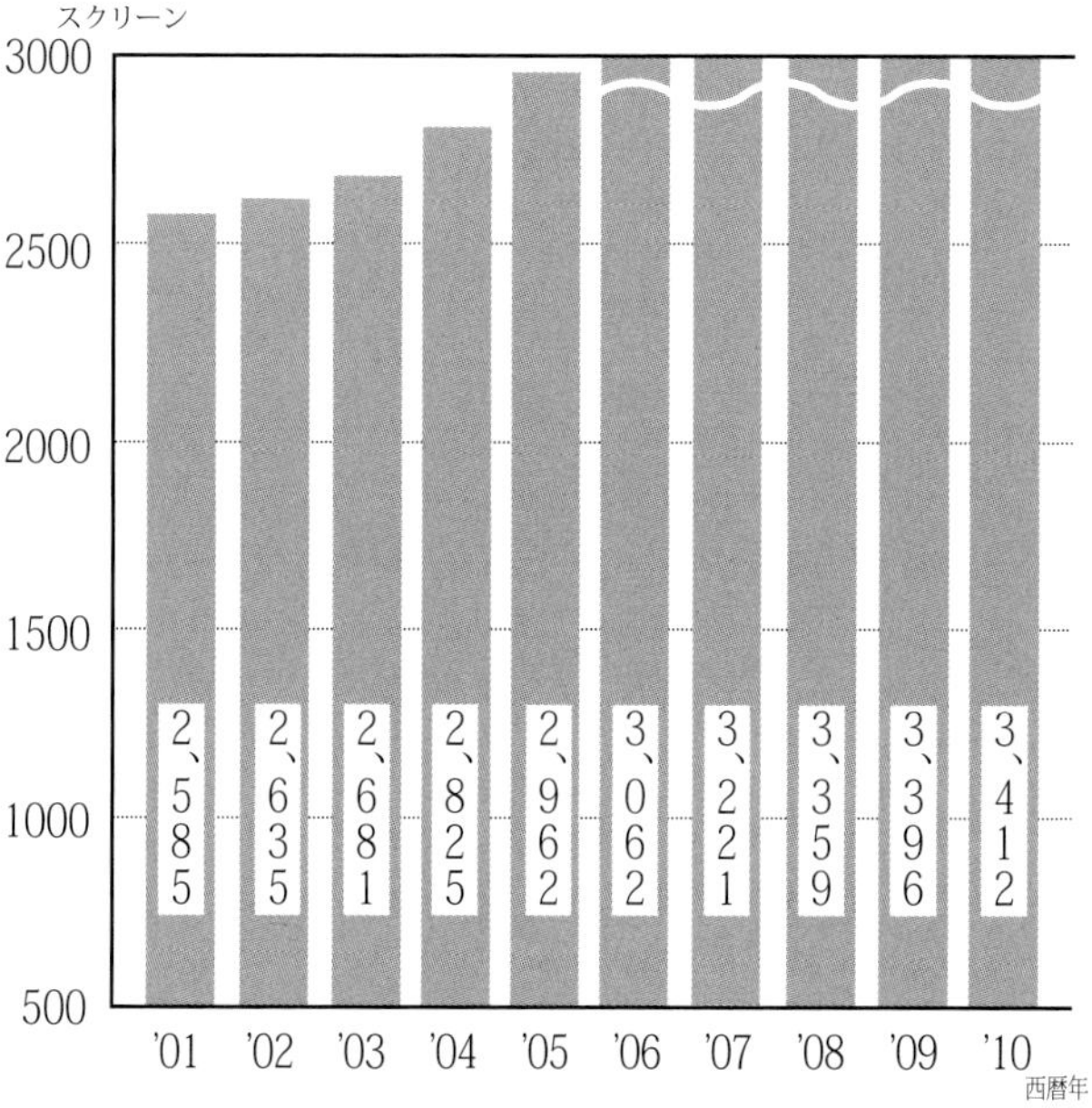

全国映画館のスクリーン数
（2010年12月末現在『映画年鑑　2012』より作成）

平成22年12月末現在、全国の映画館数は６５９館、スクリーン総数は３４１２あり、この内シネコン映画館は３１５館、スクリーン数２７７４となっている。つまり、シネコンが国内総映画館に占める割合は映画館数で47・８%、スクリーン数で81・

都道府県別スクリーン数と映画館数〔平成22年12月末現在）

都道府県	全国	(内一般館)		(内シネコン)	
	スクリーン数	館数	スクリーン数	館数	スクリーン数
全　国	3.412	344	638	315	2.774
東京都	357	71	134	24	223
神奈川	216	11	14	22	202
千葉県	190	5	10	20	180
埼玉県	193	4	7	20	186
群馬県	71	2	4	7	67
栃木県	58	4	6	6	52
茨城県	88	4	8	10	80
福島県	29	6	15	2	14
宮城県	95	5	10	9	85
岩手県	27	6	13	2	14
青森県	45	4	7	5	38
秋田県	23	4	5	3	18
山形県	47	1	4	6	43
新潟県	66	6	7	7	59
長野県	60	11	23	5	37
山梨県	22	5	9	2	13
静岡県	101	14	25	9	76
愛知県	258	19	27	23	231
岐阜県	761	41	10	61	66
富山県	23	0	0	3	23
石川県	54	2	2	6	52
福井県	31	4	14	2	17
三重県	48	4	8	5	40
大阪府	196	22	39	17	157
京都府	66	8	14	5	52
兵庫県	124	21	46	9	78
滋賀県	38	1	4	5	34
奈良県	25	0	0	3	25
和歌山県	22	5	12	1	10
岡山県	28	4	8	2	20
広島県	83	13	24	7	59
鳥取県	14	3	8	1	6
島根県	15	0	0	2	15
山口県	35	6	14	3	21
徳島県	9	1	1	1	8
香川県	25	2	2	3	23
愛媛県	52	2	3	7	49
高知県	11	2	2	1	9
福岡県	163	10	23	14	140
佐賀県	20	1	2	2	18
長崎県	30	4	6	3	24
熊本県	52	6	8	5	44
大分県	29	6	9	2	20
宮崎県	18	4	9	1	9
鹿児島県	23	3	3	2	20
北海道	124	19	31	12	93
沖縄県	32	5	8	3	24

（日本映画製作者連盟調査『映画年鑑　2012』をもとに作成）

年度別映画人口及び興行収入				
年別 ＼ 項目		全国映画館入場人員（千人）	全国映画館興行収入（百万円）	国民１人当り年間入場回数
平成３	(1991)	138.330	163.378	1.12
4	(1992)	125.600	152.000	1.02
5	(1993)	130.720	163.700	1.05
6	(1994)	122.990	153.590	0.986
7	(1995)	127.040	157.865	1.019
8	(1996)	119.575	148.870	0.957
9	(1997)	140.719	177.197	1.123
10	(1998)	153.102	193.499	1.219
11	(1999)	144.762	182.835	1.148
12	(2000)	135.390	170.862	1.074
13	(2001)	163.280	200.154	1.291
14	(2002)	160.767	196.780	1.268
15	(2003)	162.347	203.259	1.280
16	(2004)	170.092	210.914	1.340
17	(2005)	160.453	198.160	1.262
18	(2006)	164.585	202.934	1.295
19	(2007)	163.193	198.443	1.284
20	(2008)	160.491	194.836	1.2629
21	(2009)	169.297	206.035	1.332
22	(2010)	174.358	220.737	1.381

（日本映画製作者連盟調査『映画年鑑　2012』より作成）

３％を占めたことになる。

　シネコンという画期的な映画館の登場によって、衰退一方であった映画界にも明るい兆しが見え始めた。

　平成３（１９９１）年当時映画館に足を運んで映画鑑賞をした人員は延べ１億３８３３万人であったが、20年後の平成22年には１億７４３５万８０人と３６００万人ほど増えている。

　生まれたときから当たり前のようにテレビが家庭にあった若者世代が、社会の主流となるに従い、テレビのコンテンツに飽きたり、またパソコンの普及により、Ｖシネマを楽しんだりするようになったことが、映画に対する認識を新たなものに変えていったのではないかと思える。

つまり、コンピューターグラフィックを駆使した映画、あるいはゲームなどから派生した映画などが、若者を惹きつける魅力に溢れていたと考えられる。そして、パソコンやテレビ画面のサイズでは味わえない迫力ある映画は、映画館のスクリーンでしかその醍醐味を堪能できないことを若者たちは知ったのではないだろうか。


多様な映画づくりが現在も次々と進行している。かつての35ミリフィルムでの撮影から、今日ではデジタルカメラによる撮影へと変わってきている。また映画上映も２台の映写機を交互に稼働した時代から、デジタルシネマプロジェクターへと変わり、近い将来には信号を利用した映写へと変わっていくことであろう。

ここで、最後に平成23年度の長野県内の映画館一覧を載せておこう。長野市をはじめ、松本市、上田市、岡谷市、佐久市、それに山形村にシネコンがある。

また従来館でもスクリーンを２ないし３つに分けて上映している映画館が圧倒的に多くなっている。

以上で、映画の歴史並びに長野市の映画館の変遷を振り返ってみた。映画黄金期からすると昨今の映画界は、がんばってはいるが、もう一つ輝きが足りないように思う。デジタル時代を反映して、

長野県内の映画館一覧（平成23年度）

映画館名	住所	経営会社	座席数	系統
【長野市】				
長野グランドシネマズ（8）	権堂町	中谷商事㈱	1365	邦洋
シネマポイント	権堂町	㈱ ALL	80	邦洋
長野松竹相生座・長野ロキシー（2）	権堂町	長野映画興行㈱	512	邦洋
長野千石劇場（3）	南石堂町	㈲松本興行	376	邦洋
【松本市】				
松本シネマライツ（8）	高宮中	㈱北原	1374	邦洋
【上田市】				
TOHO シネマズ上田（8）	天神	TOHO シネマズ㈱	1034	邦洋
上田でんき館（2）	中央	㈱セム・コーポレーション	185	邦洋
【岡谷市】				
岡谷スカラ座（7）	中央町	㈱岡谷スカラ座	906	邦洋
【飯田市】				
飯田常盤劇場（3）	銀座	㈲常磐興行	270	邦洋
飯田センゲキシネマズシネマアウル	中央通り	㈲千劇	87	邦洋
飯田センゲキシネマズ（3）	中央通り	㈲千劇	392	邦洋
【伊那市】				
伊那旭座（2）	荒井錦町	タバタ映画㈲	556	邦洋
【茅野市】				
茅野新星劇場	仲町	茅野映画劇場	200	邦洋
【塩尻市】				
塩尻東座（2）	大門	㈱塩尻劇場東座	260	邦洋
【佐久市】				
佐久アムシネマ（8）	長土呂	㈱アメニティーズ	1043	邦洋
【山形村】				
山形村アイシティシネマ（6）	山形村	㈱井上	756	邦洋

※太字はシネコン　館名の後の数字はスクリーン数　座席数は全て合計した数
（『映画年鑑　2013』別冊「映画館名簿」より作成）

CGを多用したアクション映画などはたくさん製作されるが、じっくりと人間を描いた内容の濃い映画は少なくなったように思う。

いつの時代も映画は、その時代を映す鏡である。輝きがないということは、時代もまた輝いていないのではないだろうか。若者たちを中心に、再び輝きのある時代を、そして映画をつくりだしてもらいたいものである。

第７章　デジタル時代の映画館

映像のデジタル化

光を当てて映像を映し出すフィルムは、現在ＤＣＰ（デジタル・シネマ・パッケージ）と呼ばれるハードディスクに記録されたデジタル映像に換わり、映画会社から送られてきます。フィルム上映時代に三五ミリ機と言われた映写機は、ＤＬＰ（デジタル・ライト・プロセシング）という大型プロジェクターに換わりました。そこにサーバーを接続し、そのサーバーにＤＣＰの映像・音声・字幕・プレイリストなどを読み込ませて上映します。ＤＣＰにはセキュリティ・コードが設定されていて、上映の際にはＫＤＭ（キィ・デリバリー・メッセージ）という暗号解除キイが別に送信され、それがないと映像が映らないようになっています。今はハードディスクの形で配送されますが、近いうちに光通信などのブロードバンドで配信されるようになります。

まだ光源だけは35ミリ機と同じで、連続スパーク型の強い光を出すクセノンランプのままですが、近い将来にはレーザーに変わっていくでしょう。映画「ニュー・シネマ・パラダイス」に出てきたような、映写機の光源がカーボンだった時代は遥か昔になりました。

音響はうちの劇場でも、１シアターのスピーカーはスクリーン裏や壁に16台から23台設置していますが、最近では天井にも設置し、数的には倍ぐらいのスピーカーを使ったドルビーアトモスという超立体音響が増えつつあります。

２００９年アメリカの映画「アバター」の大ヒットをきっかけに、３Ｄ上映の設備を導入する映画館が増え、デジタル化が急速に進みました。さらに２０１０年は３Ｄ元年と呼ばれるほど３Ｄ映画の公開がありました。映画の世界は、上映方法だけでなく製作方法も変化してきています。

映画製作資金の獲得方法

１９８０年代までは、場所・人・お金の全てを映画会社の東宝・東映・松竹・日活などが自社で賄ってきましたが、撮影所の維持管理やスタッフの常時雇用などの負担が大きくなり、製作プロダクションと提携して製作を委託にするなどの過程を経て、現在は製作委員会方式が確立し、多くの作品はこの方式で作られています。

出版社・テレビ局・広告代理店・商社・コンビニチェーンなどが、映画ビジネスに投資を始め、自社業においても恩恵を受けるように、それぞれが得意分野で協力します。

出版社は原作本のあるものはその販売を、テレビ局は放映権を買い放送時のスポンサー料を、コンビニチェーンは限定販売のキャラクター商品の販売や前売券の手数料を、というように、ヒットが前提なので、各々力を入れてきますから、当然邦画は大なり小なりヒットします。しかし、最近では業界や企業だけではなく、見る側（消費者）も巻き込もうと、クラウドファンディングという方法で、資金調達の広がりを狙っています。

ネット上で少額の出資を募り、製作費や宣伝費を賄い、配当の変わりにチケットや試写会招待などの付加価値を付けるなどの方法です。

デジタル配信への対抗策

映画は公開され興行が終了すると次のステップが待っています。今までは半年くらいでビデオ・ＤＶＤ化され、１年くらいでテレビ放映となっていました。映画配給のウィンドウコントロールというこの循環は速度を速め、大ヒット以外の映画は早々に上映を打ち切られ、ＤＶＤ化どころかすぐに配信され、殆どの人が持っているスマホやタブレット端末などのスマートデバイスで、いつでもどこでも見ることができるようになってしまいます。そのため、映画の新作が量産されていきます。

スマートデバイスがより普及し、映画配給の先が映画館ではなくＨｕｌｕやグーグルプレイなどのストリーミングサービスへと変わってしまうのではないかと危惧されています。

映画館で映画を観るメリットが「早く観ることができる」だけになってしまうと、背後から追しかけて来ている配信（ストリーミングサービス等）に追いつかれてしまいます。そこで、映画興行業界では数々の工夫を試みています。

ＯＤＳ（アザー・デジタル・ソース）と呼ばれる非映画デジタルコンテンツの上映を増やしつつあります。ライヴビューイングと言って、公開初日の東京での舞台挨拶中継や、ライヴコンサートの生中継をします。先日は人気グループの「嵐」のハワイ公演の生中継をしました。スクリーンに映し出されたアイドルたちにファンの女の子たちは大声援でした。全くライヴ会場と同じようでした。

３Ｄも作品次第ですが、お客様も大分慣れてきましたので、プラスＤで４Ｄというものが出てきました。映像が立体になるのに加え、座席が動いたり、場内に雨や雪が降ったり、風が吹いたり、稲妻が光ったり、まるで映画の中と同じ体験をしているような、映画というよりアトラクションのようです。これが一般的になるとは考えにくいのですが、差別化にはなると思います。

映画は映画館で鑑賞

設備投資といえば、前述のように映写機のデジタル化によって、コンピューターが自動で上映をするようになりましたので、映写室は無人になります。大手は映写室だけではなくチケットも自動券売機を導入して、対人販売をなくし無人化を図っています。自動券売機ではJRの新幹線指定席券売機と同じように、お客様がご自分で座席指定と共に入場券を購入します。これも投資額が大きいのでなかなか進みません。

これとは別に、インターネットでのチケット予約制度があります。前もって映画館までお越しいただかなくても、インターネットの繋がる携帯電話やパソコンから希望の座席指定券が購入できます。クレジット決済のみですが。これにより、チケット購入の列が外の道路まで出ることが随分減ります。

バリアフリーの改革も求められていて、現在行われている字幕付き上映でも、字幕の個別化に向けて電子透かし技術を使った字幕だけが出るメガネの開発が進められています。メガネを掛けた人だけが字幕付きになるので、邦画の日本語字幕上映を限定せず通常上映の回でもご覧いただけることで、選択肢が増えるようになります。

字幕といえば、外国映画の字幕版は世界の中でほぼ日本にしかないのはご存知かと思いますが、最近では作品によっては吹替版の入場者の方が多くなることがしばしばです。

これは画像のテンポが速くなり、１秒４文字、20字2行に当てはめるのが難しくなったこと、活字に不慣れな世代が増えたこと、洋画への敬意が薄れたこと、などが考えられるようです。

昔は外国映画の題名まで、邦題にしていました。これは映画の内容が一目でわかりますので、とても重要だと思います。映画会社の方にお聞きした話ですが、「英国王のスピーチ」の原題は「The King's Speech」ですが、「国王のスピーチ」と「英国王のスピーチ」とで議論が分かれ、ぎりぎりまで大討論となったそうです。「英国王」と「国王」では印象が随分異なります。結果「英国王」に決まり、ヒットの一要因となったようですが、原題のままでは日本ではどうだったでしょうか。題名の印象は大切です。

映画館も世の中のデジタル化やエネルギー革命と共に変わっていきますが、私どもも頑張って続けてまいりますので、どうぞ映画は映画館でご覧下さい。そしてできれば、月に1回は、いえ1年に2回でも結構ですので、映画館に足をお運び下さい。お待ちしております。

（第7章は2014年12月3日、長野市大門町の弥生座で開かれた「座の会」で、中谷商事株式会社〈長野グランドシネマズ〉代表取締役　中谷富美子氏の講演を収録した）

付録　懐かし映画　ポスターギャラリー

© 東宝

懐かし映画　ポスターギャラリー（日本映画）

昭和21年（1946）

© 東宝

昭和22年（1947）

© 東宝

昭和23年（1948）

© 東宝

昭和24年（1949）

© 東宝

昭和24年（1949）

© 東宝

昭和25年（1950）

© 大映

昭和25年（1950）

© 松竹

昭和26年（1951）

© 松竹

昭和26年（1951）

© 松竹

昭和27年（1952）

© 東映

昭和27年（1952）

© 松竹

昭和27年（1952）

© 東宝

© 東映

昭和30年（1955）

© 松竹

昭和29年（1954）

© 松竹

昭和28年（1953）

© 東宝

昭和30年（1955）

© 東映

昭和29年（1954）

© 松竹

昭和28年（1953）

© 日活

昭和31年（1956）

© 東宝

昭和29年（1954）

© 松竹

昭和29年（1954）

© 日活

昭和31年（1956）

© 松竹

昭和30年（1955）

© 東宝

昭和29年（1954）

昭和32年（1957）

© 新東宝

昭和32年（1957）

© 松竹

昭和32年（1957）

© 日活

昭和33年（1958）

© 東映

昭和33年（1958）

© 日活

昭和33年（1958）

© 松竹

昭和33年（1958）

© 松竹

昭和34年（1959）

© 東宝

昭和36年（1961）

© 東宝

昭和37年（1962）

© 東宝

昭和37年（1962）

© 日活

昭和39年（1964）

© 日活

昭和49年（1974）

© 松竹

昭和44年（1969）

© 三船プロダクション

昭和40年（1965）

© 東映

昭和51年（1976）

© 東宝

昭和44年（1969）

© 石原プロダクション

昭和40年（1965）

© 東宝

昭和52年（1977）

© 松竹

昭和44年（1969）

© 松竹

昭和41年（1966）

© 日活

昭和56年（1981）

© 東宝

昭和48年（1973）

© 東映

昭和43年（1968）

© 石原プロダクション

懐かし映画　ポスターギャラリー（外国映画）

※日本初公開の年

※日本公開当時の配給会社

昭和15年（1940）

ユナイテッド・アーティスツ / 東北新社

昭和21年（1946）

ワーナー・ブラザース

昭和22年（1947）

20 世紀 FOX

昭和24年（1949）

MGM/ セントラル映画

昭和24年（1949）

RAC/ 三映社

昭和25年（1950）

イタリアフィルム / 松竹

昭和27年（1952）

パラマウント

昭和27年（1952）

ブリティッシュ・ライオン・フィルムス / 東宝東和

昭和27年（1952）

パラマウント

昭和27年（1952）

MGM

昭和28年（1953）

パラマウント

昭和28年（1953）

コロンビア

コロンビア

昭和32年（1957）

ワーナー・ブラザース

昭和30年（1955）

東和

昭和28年（1953）

MGM/ セレクト＝松竹共同配信

昭和32年（1957）

20 世紀 FOX

昭和30年（1955）

パラマウント

昭和29年（1954）

パラマウント

昭和33年（1958）

20 世紀 FOX

昭和31年（1956）

20 世紀 FOX

昭和29年（1954）

松竹・ユナイト映画共同配給

昭和33年（1958）

パラマウント

昭和31年（1956）

東和

昭和29年（1954）

昭和33年（1958）

第一フィルム

昭和34年（1959）

MGM/ 東和

昭和35年（1960）

ワーナー・ブラザース

昭和35年（1960）

ユナイテッド・アーティスツ

昭和35年（1960）

ティタヌス / 新外映配給

昭和36年（1961）

ユナイテッド・アーティスツ

昭和36年（1961）

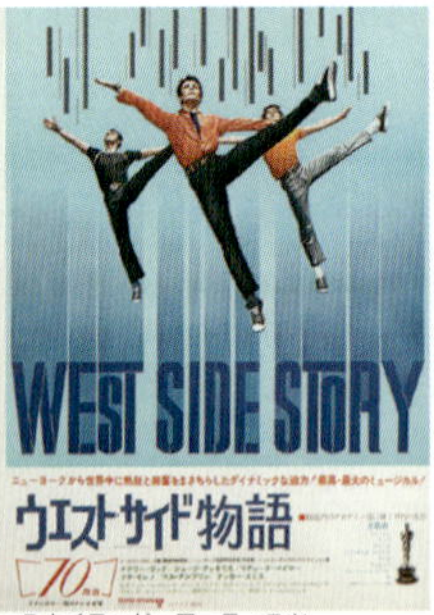

ユナイテッド・アーティスツ

昭和36年（1961）

コロンビア

昭和37年（1962）

20 世紀 FOX

昭和38年（1963）

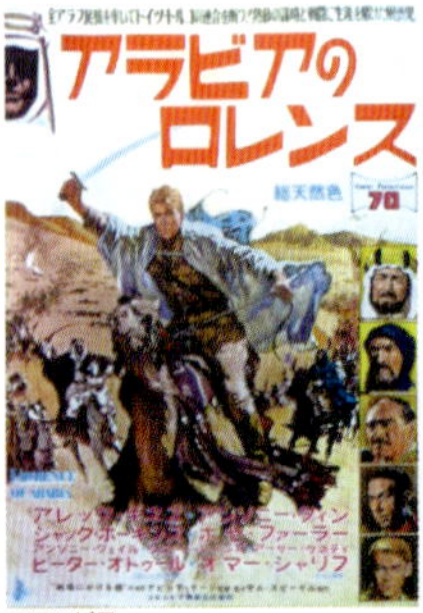

コロンビア

昭和38年（1963）

ユナイテッド・アーティスツ

昭和38年（1963）

20 世紀 FOX

昭和38年（1963）

アライド・アーチスツ

昭和39年（1964）

ワーナー・ブラザース

昭和39年（1964）

ユナイテッド・アーティスツ

昭和39年（1964）

コロンビア

昭和40年（1965）

20世紀FOX

昭和40年（1965）

ブエナ・ビスタ

昭和41年（1966）

MGM

昭和41年（1966）

ユナイテッド・アーティスツ / ユナイト映画

昭和43年（1968）

パラマウント

昭和43年（1968）

ワーナー・ブラザース

昭和45年（1970）

ブエナ・ビスタ

昭和46年（1971）

パラマウント /CIC

あとがき

私が親元を離れてから35年。東京で起業してから28年。その間、事業経営の浮き沈みに直面する度に、父と母がアドバイスをくれた。そこからは、両親ふたりが歩んできた並々ならぬ苦労がにじみ出ていた。

今回、この本を執筆するにあたり、父から根掘り葉掘り昔の話しを聞き出しているうちに、これまで断片的に聞いてきたアドバイスの背景にあった時代や生活、当時の感情がひとつにつながり、激動の昭和を生きた両親の姿が映画のシーンのように見えてきた。と同時に、私自身が父の年齢になったときに語れる人生を生きているのかと考えさせられた。

90歳近い父の記憶はかなり曖昧になっていたところもあるが、拾い集めた記憶をパズルのようにつなぎあわせるうちに、父本人も意識せずにいた人生の流れが見えてきた。しかしそれは、過ぎてから振り返った時に後ろに残った道であり、当時の両親は、ただただ壁にぶつかる度に葛藤していただけかもしれない。

聞き取りでの父の話の中には、「えいやーでやっちゃった」「なんだか、できちゃっただけ」という言葉が頻繁に出てきた。運のよさもあっただろう。しかし、その運を招いたのも、その瞬間瞬間で〝直感〟を働かせ、失敗にくよくよせず、とにかく前を見て、ひたすら懸命に生きていた結果だったのではないだろうか。

残念なのは、今ここに母がいないことである。母がいたら、もっともっと色々な話しを掘り起こせたかもしれない。父の記憶が曖昧なところは、父の兄弟妹から話を聞いて補完した。

もうひとつ、手がかりになったのは、父が丹念に残した経営状況の資料である。昭和30年代の長野映画劇場の頃から、いつどんな映画を上映し、何人の観客動員があって、いくら儲かったかを、全て残していた。当然のことながら手書きである。紙は黄ばみ、何度もファイリングした跡があり、気になる数字は赤で書かれている。この資料を見ただけでも、父の映画事業に対する執念が感じられた。

この本の執筆は、仕事の合間を縫って長野に帰省しての聞き取り作業のため2年の時を費やした。父が長年書きためてきた回想録に加え、聞き取ったことを多少の脚色をつけて文にする。それを読んだ父が手を入れるが、父の文章は、とにかく硬く、余談や余白を省く。それではつまらないのでまた私が書き直す。その繰り返しだ。

しかし、生まれてから今まで、ここまで父とがっつり話したことは初めてだった。たぶん、この経験は私にとっても大きな財産になるだろう。

この本ができあがったら、父は、ホッとして母の元にいってしまうのではないかと心配だ。

できれば、１００歳までは頑張って欲しい。そのためにも、父には違うテーマも見つけてもらい、もう一冊本を書いてもいいかなぁと思うこの頃である。

平成29年10月

伊藤由美

資料ご提供並びにご協力者（敬称略・50音順）

縣　孝二　縣　真之介　伊藤　彰敏　伊藤　由美　江守　健治　香山　篤美
日下由多加　小林　一郎　酒井　春人　田崎　宙恵　田中　英紀　徳竹　康彰
中谷富美子　林　安直　山口高治郎
朝日新聞社　キネマ旬報社　御本陣藤屋　時事映画通信社　信毎フォトサービス　田中
写真館　長野郷土史研究会　長野商工会議所　吉田公民館　吉田商工振興会
※映画ポスター写真提供
川喜多記念映画文化財団

主な参考文献

田中純一郎『日本映画発達史Ⅰ・Ⅱ』中公文庫
猪俣勝人・田山力哉『日本映画作家全史　上』社会思想社
『大正13・4年日本映画年鑑』朝日新聞社（国会図書館デジタル資料）
『昭和18年映画年鑑』日本映画雑誌協会（国会図書館デジタル資料）
『日本映画館・人名・商社録　1959年版』キネマ旬報社
『映画年鑑2012』時事映画通信社
『映画年鑑2013』時事映画通信社
『長野商工会議所百年史』長野商工会議所
『長野』248号　長野郷土史研究会
大谷利一『篠ノ井の歴史と暮し』龍鳳書房
『長野市誌』第5巻～第7巻　長野市
『長野県史』第9巻　長野県
『写真にみる長野の歩み』信濃路
『写真記録昭和の信州』信濃毎日新聞社
『信濃毎日新聞に見る110年』明治・大正編　昭和編　信濃毎日新聞社
「映画統計資料」一般社団法人日本映画製作者連盟（web資料）

著者紹介
中谷　治（なかたに・おさむ）

昭和５年　北海道虻田郡豊浦町生まれ
昭和 23 年　旧制長野県長野中学校（現県立長野高等学校）卒
昭和 25 年　警察予備隊入隊
昭和 27 年〜現在　映画興行の業務を行う
現在　中谷商事株式会社取締役会長

昭和の映画館主《こやぬし》奮闘記
—映写機かついで

2018年1月20日　第一刷発行

定価　本体1500円+税
企画　中谷冨美子
著者　中谷　治
発行所　有限会社　龍鳳書房
〒381—2243
長野市稲里1・5・1　北沢ビル
電話　026（285）9701

印刷　三和印刷株式会社

ISBN978-4-947697-57-8
C0021